江苏绿色交通发展报告

Development Report of Jiangsu Province Green Transportation

江苏交通运输行业能耗排放监测统计中心　编著

人民交通出版社股份有限公司

北　京

内 容 提 要

本报告围绕基础设施、运输结构、运输装备、绿色低碳出行、减污降碳协同、绿色交通治理能力等方面，全面总结了江苏省推进绿色交通发展的主要措施和取得的成效。

本报告可为各级交通运输管理部门、社会各界了解和掌握江苏绿色交通发展情况提供参考，也可供相关规划、设计、科研、咨询等单位参考使用。

图书在版编目 (CIP) 数据

江苏绿色交通发展报告 / 江苏交通运输行业能耗排放监测统计中心编著 . —北京：人民交通出版社股份有限公司，2023.10

ISBN 978-7-114-18985-2

Ⅰ.①江… Ⅱ.①江… Ⅲ.①交通运输业－绿色经济－研究报告－江苏 Ⅳ.① F512.753

中国国家版本馆 CIP 数据核字（2023）第 167839 号

Jiangsu Lüse Jiaotong Fazhan Baogao
书　　名：	江苏绿色交通发展报告
著 作 者：	江苏交通运输行业能耗排放监测统计中心
责任编辑：	周　宇　潘艳霞
责任校对：	赵媛媛　魏佳宁
责任印制：	张　凯
出版发行：	人民交通出版社股份有限公司
地　　址：	(100011) 北京市朝阳区安定门外外馆斜街 3 号
网　　址：	http://www.ccpcl.com.cn
销售电话：	(010) 59757973
总 经 销：	人民交通出版社股份有限公司发行部
经　　销：	各地新华书店
印　　刷：	北京市密东印刷有限公司
开　　本：	787×1092　1/16
印　　张：	6
字　　数：	105 千
版　　次：	2023 年 10 月　第 1 版
印　　次：	2023 年 10 月　第 1 次印刷
书　　号：	ISBN 978-7-114-18985-2
定　　价：	50.00 元

(有印刷、装订质量问题的图书，由本公司负责调换)

《江苏绿色交通发展报告》

■ 编写委员会

杨桂新　金　华　徐　斌　李　辉　鲁　威　胡　萌
陈胜武　张柏东　蔡　健　杨海兵　董正军　杨　本

■ 编写组

主　编　杨桂新　王　勤　邹　庆　张　丽
副主编　邵丽红　王　楠　程大千
成　员　杨晓阳　王经洁　沙　薇　马小林　朱　宁
　　　　　邱昱皓　孙　俊　王强印　史奥运　陈　露
　　　　　盛培培　徐斯杨　齐　敏　赵子潇　孟　宇
　　　　　徐冠依　郑　玮　赵　恒　杨　帆　费瑞阳
　　　　　陈　玮　钱思放　尹　倩　韩　通　王梓阳
　　　　　刘泽昊　程亮雨　李　润　常少华　夏鑫杰
　　　　　屈云贺　魏元鹏　李凯歌　李　鑫

Preface

  党的二十大报告指出，推动经济社会发展绿色化、低碳化是实现高质量发展的关键环节，明确提出要加快推动产业结构、能源结构、交通运输结构等调整优化。江苏是经济大省，但人口密度高、人均土地面积少，实体经济占比大，能源消耗量大，资源自给率低，资源环境约束矛盾突出，这些特殊省情决定了江苏必须走绿色发展之路。

  作为国民经济的基础性、先导性、战略性产业和重要的服务性行业，交通运输是推进节能降碳、加强生态文明建设的重点领域。近年来，江苏交通积极探索绿色转型发展之路，不断完善绿色交通发展规划与标准体系，在全国率先开展能耗排放统计监测体系建设，建立绿色交通发展省级联席会议制度，设立省级节能减排专项资金；持续推进绿色交通技术攻关与成果转化，加快公共服务车辆电动化替代，推动港口新能源与清洁能源应用，投入运营全国首艘120标箱纯电动内河集装箱船，高质量完成"绿色交通省"建设，形成了"综合交通、低碳发展，公交优先、绿色出行，结构优化、效率提升，技术革新、创新驱动"的鲜明特色，为美丽江苏和交通强省建设发挥了重要的带动和支撑作用。

  《江苏绿色交通发展报告》围绕建设绿色生态基础设施、推进交通运输结构调整、推广节能环保运输装备、支撑社会绿色低碳出行等方面，全面介绍了江苏交通推进绿色发展的主要措施和初步成效，分享了江苏绿色交通运输体系建设的经验和做法，以期为各级交通运输管理部门、宏观决策部门、社会各界了解和掌握江苏绿色交通发展情况提供参考。

作者
2023年10月

目录
Contents

第一章 总论 / 1
  第一节 江苏绿色交通发展历程 / 2
  第二节 江苏绿色交通发展成效 / 5
  第三节 江苏绿色交通发展思路 / 6

第二章 建设绿色生态基础设施 / 9
  第一节 绿色公路 / 10
  第二节 绿色港口 / 13
  第三节 绿色航道 / 16
  第四节 绿色船闸 / 18
  第五节 绿色服务区 / 21
  第六节 绿色机场 / 25
  第七节 推进交通运输与能源融合发展 / 27

第三章 推进交通运输结构调整 / 31
  第一节 强化顶层设计和示范引领 / 32
  第二节 推动大宗货物运输"公转铁""公转水"/ 33
  第三节 大力发展多式联运 / 34
  第四节 大力发展内河集装箱运输 / 35

第四章　推广节能环保运输装备 / 37

　　第一节　新能源车辆 / 39
　　第二节　绿色船舶 / 40
　　第三节　船用岸电 / 43
　　第四节　绿色出行续航 / 44

第五章　支撑社会绿色低碳出行 / 47

　　第一节　绿色出行 / 48
　　第二节　绿色配送 / 54

第六章　强化减污降碳协同增效 / 59

　　第一节　港口粉尘在线监测系统建设 / 60
　　第二节　船舶防污设施升级改造 / 63
　　第三节　船舶水污染物接收转运处置设施建设 / 64
　　第四节　化学品船洗舱站建设 / 67

第七章　提升绿色交通治理能力 / 71

　　第一节　完善绿色交通战略规划体系 / 72
　　第二节　健全绿色交通标准规范体系 / 74
　　第三节　强化绿色交通科技攻关与成果转化 / 77
　　第四节　率先建设行业能耗统计监测体系 / 78
　　第五节　强化绿色交通发展资金支持 / 81

附录 / 83

　　附录一　江苏省交通运输节能减排技术目录（2022年度）/ 84
　　附录二　江苏推荐入选《交通运输行业节能低碳技术推广目录（2021年度）》的技术 / 87

第一章 总论

第一节
江苏绿色交通发展历程

"十一五"以来，在交通运输部和省委省政府的正确领导下，江苏努力推动交通运输转型发展，积极调整交通运输结构，落实公交优先发展战略，强化科技进步与智慧交通发展，提升行业治理水平，走出一条内涵提升、创新驱动的转型发展之路，绿色交通发展取得明显成效。

"十一五"时期，江苏交通探索开展交通运输节能减排基础性研究工作。

江苏自"十一五"就开展了绿色交通运输体系建设的积极探索。2007年在全国率先改革形成公铁水空齐抓共管的大交通管理体制之后，一方面加大投资结构调整力度，加快水运和铁路的建设，另一方面加强综合客货运枢纽的建设，促进客运"零换乘"和货运"无缝衔接"，使各种运输方式合理分工、各展所长，有效提升运输体系的整体效率。立项开展了"营运车辆用油定额考核办法制定""江苏省交通运输节能减排监测及考核办法研究"等项目，先后出台《江苏省公路水路交通节能规划》《关于进一步加强港口行业节能减排工作的实施方案》《江苏省推进长江干线船型标准化实施意见》等节能减排相关政策文件，在推动行业绿色发展方面开始了积极的探索。2010年，江苏省交通运输厅交通节能减排专项经费列支，大大推动了绿色交通各项工作的深入开展，省厅每年出台专项资金申报指南，根据绿色交通发展实际情况及时调整确定资金支持范围，有效激励交通运输企事业单位的主动性和积极性。

"十二五"时期，江苏在全国率先开展绿色交通省建设，为全行业绿色交通运输体系建设探索经验。

2013年6月，交通运输部与江苏省政府联合签署《共同推进江苏省绿色循环低碳交通运输发展框架协议》，部省共同推进江苏省绿色交通运输体系建设，打造绿色交通省。

《共同推进江苏省绿色循环低碳交通运输发展框架协议》

为落实框架协议精神，江苏先后出台《江苏省绿色循环低碳交通运输发展区域性项目实施方案（2013—2017年）》《江苏省绿色循环低碳交通运输发展规划（2013—2020年）》《省政府办公厅关于加快绿色循环低碳交通运输发展的实施意见》，为绿色交通省建设健全政策保障。江苏省交通运输厅每年制定绿色交通重点工作计划，将13个设区市交通运输主管部门绿色交通建设工作纳入年度综合考核范畴，确保绿色发展的各项工作得到切实落实。2015年成立"江苏交通运输行业能耗排放监测统计中心"，在江苏省交通运输厅的指导下，开展交通运输能耗排放监测统计技术的研究与推广、能耗排放监测统计数据采集上报和分析，以及能耗排放监测统计人员培训及交流等咨询服务工作。

2015年成立"江苏交通运输行业能耗排放监测统计中心"

"十三五"时期，江苏率先高质量完成绿色交通省建设，建成一批具有典型示范意义的绿色交通城市、绿色公路、绿色港口、绿色航道、绿色公交等。

江苏贯彻落实《共同推进江苏省绿色循环低碳交通运输发展框架协议》精神，全面实施《江苏省绿色循环低碳交通运输发展规划（2013—2020）》确定的"4510"计划，推进四大体系建设，开展五大专项行动，实施十大重点工程，将绿色发展理念融入交通运输发展的各方面和全过程。

江苏绿色循环低碳交通运输发展"4510"计划

2018年12月,江苏率先通过交通运输部组织的验收考核。经专家组审核,江苏全面完成南京、无锡、常州、镇江、南通、淮安等6个绿色交通城市创建,建成宁宣高速公路、沪宁高速公路、G312苏州西段、G312镇江城区改线段、S237扬州段、镇丹高速公路等6条绿色公路,建成徐州港、江阴港、张家港港、大丰港、连云港港等5个绿色港口,以及56个绿色交通配套类项目,初步建成以综合交通、公交优先、绿色出行、创新驱动、智慧管理为主要特征的绿色交通运输体系。

江苏省创建绿色交通省区域性项目考核验收会

进入"十四五"时期,江苏交通加快建设以低碳排放为主要特征的交通运输体系建设。

"十四五"以来,江苏先后出台《江苏省"十四五"绿色交通发展规划》《江苏省交通运输碳减排三年行动计划(2021—2023年)》《江苏省推进多式联运发展优化调整运输结构行动计划（2022—2025 年）》《省交通运输厅关于深入打好交通运输污染防治攻坚战的实施方案》《江苏省交通运输领域绿色低碳发展实施方案》等实施方案和专项行动方案，将绿色交通建设工作、目标细化为一项项具体任务，扎实稳步推进。

第二节
江苏绿色交通发展成效 ❶

节能降碳加快推进。新能源城市公交、出租车总数超过 4.71 万辆，新能源公交车数量占公交车总数的比例超过 71%；液化天然气（LNG）动力船舶 96 艘；全国首艘 120 标箱纯电动内河集装箱船正式投入运营，入选 2022 年度中国交通运输科技十大新闻。114 对高速公路服务区充电桩已实现全覆盖，普通国省道服务区（停车区）充电桩覆盖率 42.5%。与 2020 年相比，2022 年营运货车、营运船舶能耗强度分别下降 1.86% 和 1.82%，港口生产能耗强度下降 1.19%。

运输结构持续优化。水路铁路货运量、货物周转量占综合货运量、货运周转量比重提升至 42.3%、72.7%；沿海主要港口大宗货物铁路和水路集疏港比例达 95% 以上。先后开展 5 项国家多式联运示范工程，累计开通多式联运示范线路 116 条，创新集装箱铁水联运"一单到底"模式。全省集装箱公铁联运量、铁水联运量、内河集装箱运输量分别达到 117 万标箱、92 万标箱和 110 万标箱，同比分别增长 22%、30% 和 20.9%。

公众出行品质不断提高。昆山成为继南京、苏州之后，江苏第三个获"国家公交都市建设示范城市"称号的城市。全省 9 个城市开通城市轨道交通，位居全国首位；城市轨道交通运营里程突破 1000 公里，位居全国第二。南京、苏州等 11 个城市通过交通运输部绿色出行创建考核。累计建成城市候机楼 94 个，共 9 个综合客运枢纽接入城市轨道交通。

---
❶ 此节内容均为 2022 年统计数据。

污染防治深入推进。江苏籍 2.8 万余艘货运船舶已全部具备生活污水"零排放"的能力，累计建成船舶水污染物接收设施 11383 套，三类船舶水污染物接收转运处置率均在 90% 以上。长江江苏段 5 座洗舱站常态化开展洗舱作业，洗舱作业数稳步增长。累计建成港口岸电设施 4276 套，覆盖泊位 5715 个，覆盖率 93.1%。具备受电设施船舶总数达到 2165 艘。

生态保护修复不断加强。京杭运河绿色现代航运示范区建设取得阶段性成果，位于苏州、扬州、淮安的四个先导段全面建成。南京禄口机场成为全国首个绿色运行机场。G524 常熟段智慧绿色公路入选交通运输部绿色公路典型示范项目。印发《江苏省绿色港口评价指标体系》，累计评选出 86 个省级绿色港口。

第三节
江苏绿色交通发展思路

江苏推动绿色交通发展，将以习近平新时代中国特色社会主义思想为指导，全面贯彻党的二十大精神，深入贯彻习近平生态文明思想和习近平总书记对江苏工作重要指示精神，认真落实省委省政府总体部署，立足新发展阶段，完整、准确、全面贯彻新发展理念，服务构建新发展格局，坚持稳中求进工作总基调，面向碳达峰碳中和目标要求，以改革创新为根本动力支撑，着力推动交通工具装备低碳转型和能效提升，加快建设绿色低碳交通基础设施，构建集约高效运输体系和绿色低碳出行体系，提升科技创新与示范支撑作用，强化交通能源融合互动，促进减污降碳协同增效，推进绿色低碳交通运输高质量发展，为碳达峰碳中和目标如期实现提供有力支撑。

到 2025 年，绿色交通建设水平走在全国前列。交通运输重点领域碳排放强度稳步下降，用能结构持续优化，绿色低碳运输方式深入发展，污染排放有效控制，环境友好程度明显改善，绿色治理能力显著增强。到 2035 年，全面形成与资源环境承载力相匹配、与生产生活生态相协调的交通运输发展新格局，绿色交通发展总体适应交通强省和美丽江苏建设要求，有效支撑碳达峰碳中和、生态环境根本好转目标的基本实现，建成人民满意的绿色交通运输体系。

"十四五"期，江苏绿色交通建设主要按照"11478"的思路开展，实现"4升4降"。即1个目标，1条发展新路，围绕"绿色交通建设水平走在全国前列"目标，坚持走"生态优先、绿色低碳"的高质量发展新路，把握"低碳化、清洁化、生态化、长效化"4化主线，推进构建低碳用能体系、深化运输结构调整、引导社会绿色出行等7项任务，实施交通运输装备降碳、绿色交通基础设施提质、绿色出行续航等8大工程，实现绿色能源消费占比、岸电使用率、铁路和水路运输周转量占比、绿色出行比例"4提升"，以及营运货车、营运货船、港口生产碳排放强度和营运船舶氮氧化物排放总量"4下降"。

江苏绿色交通建设思路

第二章　建设绿色生态基础设施

第一节
绿 色 公 路

江苏交通自"十一五"起在公路工程建设和改造中积极探索节约能源资源、保护生态环境的新技术、新举措。发布了《江苏省"十一五"交通绿色通道建设规划》，要求全省所有高速公路、国省干线公路、铁路和航道均达到绿色通道标准。宁杭高速公路江苏段被称为国内首条依据可持续发展理念修建的高速公路，在设计和建设中首次引进"珠链"概念，通过"借景、引景、造景、遮景"等一系列手段使高速公路与周围环境有机地结合，建成为全国首条"生态、环保、旅游、景观"四位一体的高速公路，为广大使用者提供了安全舒适、畅通快捷、赏心悦目的行车环境。宁连高速公路宁淮段老山隧道建设首创"傍山棚洞结构形式"，被誉为环保型建设的典范。

宁杭高速公路江苏段

宁连高速公路宁淮段老山隧道

2013年，江苏启动全国首条绿色公路主题性项目建设，该项目依托宁宣高速公路宁高段改造工程，围绕路面、桥梁、交通安全设施、房建、施工过程、运营管理、用户服务、科普展示等方面，创新集成三十余项节能减排新技术、新材料、新工艺，基本形成贯穿规划设计、建设养护、运营管理等全生命周期的绿色公路创建路径和解决方案。

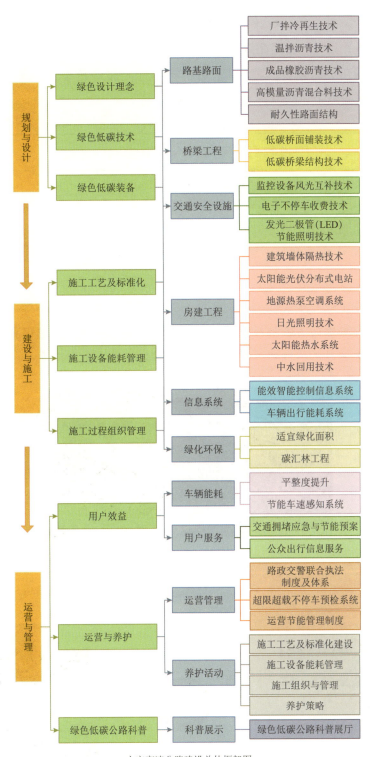

宁宣高速公路建设总体框架图

2017年，江苏印发实施《江苏省绿色公路建设实施意见》，加快具有江苏特色和时代特征的绿色公路标准体系、技术体系、管理体系建设。全面建成宁宣高速公路、沪宁高速公路、G312苏州西段、G312镇江城区改线段、S237扬州段、镇丹高速公路6条绿色公路主题性项目，国道G524线通常汽渡至常熟三环段入选交通运输部绿色公路建设典型示范工程，形成了一批绿色设计、绿色施工、绿色养护、绿色能源应用、绿色标准制定的典范。

国道G524线通常汽渡至常熟三环段

国道G524通常汽渡至常熟三环段改扩建工程项目围绕"绿色成就品质、智慧助力品质"建设理念，以"标准化、信息化、绿色化"为核心，从全层位低碳路面结构应用、全要素生态养护工区打造、全过程环境保护措施探索、全方位智慧出行服务管理四个方面着手，打造了"十三五"时期江苏省内首条国省干线"建、管、养、服"全生命周期的绿色智慧公路，同时入选交通运输部批准的第三批绿色公路建设典型示范工程项目，获得中国生态文明研究与促进会第一批"绿色交通"实践创新项目等荣誉称号。

生态养护工区

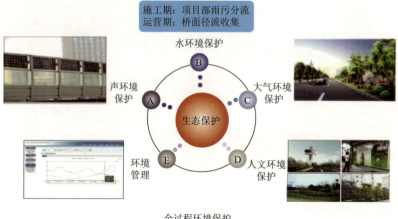

全过程环境保护

基于绿色公路建设实践经验和研究成果，江苏陆续出台《普通国省干线绿色公路建设技术规程》（DB32/T 3949—2020）、《农村公路提档升级路面绿色技术施工规程》（DB32/T 3948—2020）、《公路服务区智慧节水技术规范》（DB32/T 4419—2022）、《绿色公路评价规范》（DB32/T 4306—2022）等地方标准，为绿色公路建设提供标准保障。

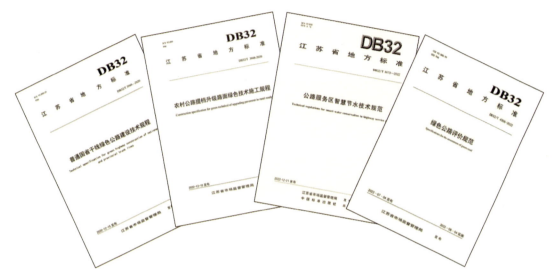

绿色公路地方标准体系不断健全

第二节
绿色港口

江苏省是水运大省，东临黄海，长江横贯东西370公里，京杭运河纵穿南北687公里，境内大小湖泊众多、河道水网发达，是全国少有的海江河湖兼备的几个省份之一。党的十八大以来，江苏交通充分利用自然优势，抢抓机遇，积极打造黄金水道，港口和航道等水运基础设施建设成效显著，运输服务能力明显提升，为全省乃至全国经济社会发展提供了有效支撑。截至2022年底，江苏省等级航道里程 8813 公里、密度 858.97 公里/万平方公里、港口生产性泊位数 6406 个、万吨级以上泊位数 560 个、亿吨大港数量 8 个、港口综合年通过能力 26.23 亿吨，均居全国之首。

绿色交通省创建期间，连云港港、徐州港、江阴港、张家港港、大丰港先后完成绿色港口主题性项目建设。为全面贯彻习近平生态文明思想，认真落实绿色低碳交通发展要求，2018 年印发《江苏省绿色港口建设三年行动计划》，明确提出要建成一批省内绿色港口，示范带动全省港口绿色发展。2019 年，江苏省交通运输厅组织开展省级绿色港口评价指标体系研究工作。2020 年，江苏省交通运输厅正式印发《江苏省绿色港口评价指标体系》，并联合江苏省综合交通运输学会港航分会在全国率先启动省级绿色港口评价。此后，省级绿色港口评价已成为江苏全面推进绿色港口发展的一项常态化工作。

三年来，省内 184 个港口（码头）先后参与"江苏绿色港口"申报，86 个港口（码头）获评星级"江苏绿色港口"称号，其中五星级港口 5 个、四星级港口 25 个、三星级港口 56 个。

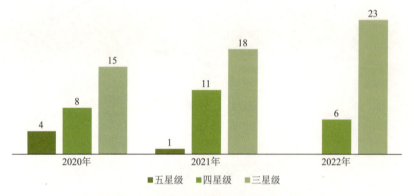

2020—2022 年江苏绿色港口数量（单位：个）

此外，江苏积极培育"中国绿色港口"和"亚太绿色港口"，先后 7 个港口（码头）获得殊荣：南京港龙潭集装箱码头获得 2020 年度"中国绿色港口（四星级）"称号，太仓港上港正和集装箱码头、太仓港正和兴港集装箱码头获得 2020 年度"中国绿色港口（三星级）"称号；连云港新苏港码头、张家港港务集团港盛散货码头、江阴港港口集团股份有限公司、太仓港武港码头分别获得 2019 年度、2020 年度、2021 年度、2022 年度"亚太绿色港口"称号。

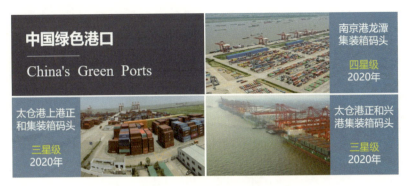

3个江苏港口码头获得"中国绿色港口"称号

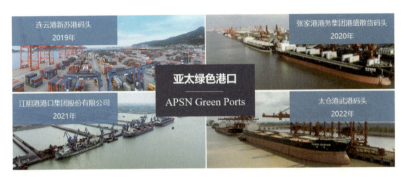

4个江苏港口码头获得"亚太绿色港口"称号

太仓港武港码头被授予2022年度"亚太绿色港口"称号

近年来,太仓港武港码头坚持"生态优先、绿色发展"理念,强化污染防治和节能降碳,走出一条以绿色低碳为底色,以智慧赋能为支撑的高质量发展新路。武港码头打造绿色港口的重点举措包括:广泛采用太阳能、空气能和风能等可再生能源;推动港口车辆电气化,并提供船舶岸电;建设兼顾货物运输和能源消耗的高效智能货物装卸系统;全部货物通过水水中转集疏运;采取一系列废水回用和粉尘控制措施等。

太仓港武港码头

立体扬尘防治体系

第三节
绿 色 航 道

近年来，习近平总书记对推进长江经济带发展以及大运河文化带建设作出了一系列重要批示，对京杭运河江苏段绿色发展提出了更高要求。2018年底，江苏省交通运输厅印发《交通强国建设江苏十大样板任务分工方案》（苏交计〔2018〕177号），将京杭运河江苏段绿色现代航运发展列为交通强国江苏方案十大样板之一。为切实推进京杭运河江苏段绿色现代航运发展，江苏先后印发《江苏省推进京杭运河绿色现代航运发展实施方案》《江苏省大运河现代航运建设发展规划》《京杭运河江苏段转型提升三年行动计划（2021—2023年）》《关于印发落实习近平总书记指示推进运河转型提升的实施意见的通知》等文件，系统谋划现代航运发展新蓝图，围绕构建"一轴一网八核多节点"布局，努力建设推动"双循环"、服务"大战略"、实现"焕新生"的顺畅运河、绿色运河、文化运河。

2020年积极推进京杭运河沿线非法码头整治和小散乱码头的规范提升，推进港作机械大型化、专业化和装卸工艺现代化发展，引导码头集中布置、规模发展。建成内河污染物接收固定设施4709套，实现船舶污染物接收设施"全面覆盖"和"应收尽收"。京杭运河江苏段沿线134家从事易起尘作业港口全部建成粉尘在线监测系统；沿线港口、船闸、水上服务区建成岸电设施770套，基本具备岸电供应能力。

2021年重点推进示范区4个先导段建设，年底前，淮安、扬州、苏州45公里绿色现代航运示范区先导段全面建成，打造了苏州"花香航道"、扬州"会呼吸的护岸"、淮安"城河共荣、景河共生的美丽中轴"等一批标志性工程。京杭运河淮安段以"世外桃源、生态绿岛"为主题，打造汇行广场"生态绿岛"，全岛种植46种绿植。运河沿线新建的舟陆广场、淮盐广场等处，通过历史文化墙、景观雕塑、地面雕刻等艺术形式，充分展示淮安悠久的历史文化。

京杭运河淮安段"生态绿岛"

京杭运河淮安段沿线景观雕塑

京杭运河扬州段按照"一带、三区、多点"的总体设计，打造邵伯船闸至长江口门段绿色现代航运示范区先导段，重点建设江淮生态展示区、千年古城活力区、黄金水道江河交汇区三大功能板块，统筹实施绿色生态廊道建设、运河文化展示、航运效能提升、船舶污染防治四大工程。京杭运河苏州段围绕打造"高效示范的顺畅运河、生态环保的绿色运河，创新发展的文化运河"三大任务，建设苏南运河苏州白洋湾作业区至石湖景区段11.5公里绿色现代航运先导段，重点实施"航道提升、码头提升、智慧运河"三大工程，着力打造"四美运河"，让新时代的黄金水道发挥更大的黄金效益。

京杭运河扬州段

京杭运河苏州段

2022年，江苏全面启动京杭运河绿色现代航运综合整治工程，该工程是在前期示范区先导段建设的基础上进行的全面推开和整体升级，结合沿线各地城市规划，持续打造一批集城市建设、景观打造、水源保护、航运服务于一体的，具有地方历史人文特色的航运示范区。截至2022年底，京杭运河高邮段已经完成航道疏浚84万立方米；修复护坡814平方米；服务区土方开挖21.6万立方米，预制沉桩3434根，重力式码头主体结构已经完成；锚地及搜救中心灌注桩浇筑324根，高桩码头基础结构完成。淮安段公路桥基础结构基本完成，包括钻孔灌注桩2136米，承台混凝土浇筑1040立方米，钢桁架桥梁预制工程量过半。完成京杭运河687公里电子航道图制作，其中苏北段100公里电子航道图已投入使用，智能过闸系统全覆盖，实现运河船舶过闸"登记不上岸、缴费不见面、开票不跑腿"。

京杭运河无锡段

京杭运河宿迁段

第四节
绿 色 船 闸

2022年中国交通报社和中国交通报刊协会联合主办"喜迎二十大　交通运输行业明星船闸推选宣传活动"，经专家评审投票，全国10座船闸荣获"交通运输行业十佳明星船闸"称号，江苏谏壁船闸、邵伯船闸、淮阴船闸名列其中。

谏壁船闸北临长江，南接运河，是苏南运河唯一直达通江的口门船闸，素有"江南第一闸"之美称。2016年，谏壁船闸在江苏首创"集中控制运调"模式，同年，在全省首批试点运行"水上ETC"，将原先办理过闸手续时间从近2小时缩短至1分钟，船舶通航效能提升10%以上，成为江苏船舶待闸时间最短、运转效率最高的船闸之一。截至2022年底，谏壁船闸连续安全运行15000余天，连续十余年船舶通过量超亿吨。船闸注重生态环境建设，处理闸区、引航道垃圾近千吨，种植树木2000余株，闸区绿化覆盖率达70%以上，获得"江苏省园林式单位"称号。近年来，谏壁船闸要求过往货轮安装油水分离装置，在下游远调站安装船舶生活垃圾、油污水、生活污水智能接收装置，降低运河污染物排放，基本实现谏壁水域零排放、零污染。

谏壁船闸

邵伯船闸积极践行绿色发展理念，编制《绿色船闸建设三年行动规划（2022—2024年）》，推进实施节能降碳、污染防治、智慧服务等重点任务，"绿色船闸"建设初见成效。邵伯船闸结合自身环境特点与用能需求，充分利用湖区光照条件好、日照时间长的优势，先后建成60千瓦分布式太阳能光伏电站和3棵10千瓦新型"光伏树"，年均发电量可达11.5万千瓦时。

邵伯船闸10千瓦新型"光伏树"

邵伯船闸在下游停泊区设置总容量为 210 千瓦的岸电充电桩 15 个，可同时供 30 艘船舶接入使用。积极做好船舶水污染物接收转运处置工作，在上下游远调站分别设置 1 台船舶垃圾分类智能回收站和 1 台船舶生活污水和含油污水回收装置，在引航桥、闸室旁设立船舶垃圾回收设施 22 个。邵伯船闸在全国内河率先启动"互联网＋航运"模式，推出手机应用"船讯通"App，让船员可以远程登记、缴费，实现船舶办理过闸手续不上岸。通过"航闸智能运行系统"对过闸船舶进行智能排挡，闸室利用率在 80%以上，最高可达 97%。邵伯船闸建有闸史陈列馆，全方位展现船闸 1600 多年历史与京杭大运河苏北段水运发展历程，是传承运河船闸历史、开展精神文明建设交流以及文化教育的重要平台。邵伯船闸在"十大明星船闸"评选中获得"绿色船闸""文化船闸"2 个单项奖。并被中国生态文明研究与促进会授予第二批"绿色交通"实践创新基地。

邵伯船闸

淮阴船闸位于江苏省淮安市西郊，是苏北运河船舶通过量最大的船闸之一。淮阴船闸多年来致力于绿色低碳发展，利用科技助力绿色船闸建设，打造大运河文化带样板。2017 年完成太阳能应急灯、太阳能闸室引航道轮廓灯、太阳能路灯项目，节约了大量的照明能耗。2018 年启动分布式光伏发电项目，建成全国内河航运单位首家光伏发电站，电站并网后，实现"发电并网、自发自用、电费抵扣、余电上网"的资源利用模式。2022 年，淮阴船闸在原有 60 千瓦屋面光伏电站的基础上进行扩容，利用航道护岸边坡约 800 平方米，新增发电扩容 150 千瓦，成为国内首例利用内河航道护岸建设的光伏电站，目前该工程经国家电网检测合格，顺利投入运行并网发电。扩容后淮阴船闸光伏总发电容量达到 210 千瓦，占船闸供电总容量的 70%，大大提高了清洁能源在淮阴船闸用电结构中的占比。

淮阴船闸

第五节
绿色服务区

一、绿色高速公路服务区

早在"十二五"时期，江苏省宁杭高速公路荷叶山服务区就实现了对光能和地热能等清洁能源的有效利用。配套建设的地源热泵温度调节系统，利用大地深处温度相对稳定的特点，通过地下热交换，借助电力热泵机组实现制冷或供暖循环，为服务区进行夏季供冷、冬季供热以及生活热水供给。同时应用光伏技术实现了并网发电，大大缓解了电网的传输和分配负担，光伏板与主体建筑完美结合，也为建筑增色不少。通过应用地源热泵和光伏发电技术，每年节能近 10 万千瓦时。

宁杭高速公路荷叶山服务区

2022年初,江苏省首个"近零碳"高速服务区——江苏姜堰启扬高速公路白米服务区建设完成。服务区始终秉持"生态优先＋绿色发展"理念,着力构建零碳环保、绿色发展融合模式。

一是探索"服务区＋光伏"。充分利用服务区小型车位等闲置资源,建设分布式光伏车棚和储能站。项目采用"自发自用、余电上网"模式,装机容量205千瓦,储能30千瓦安/60千瓦时,新建光伏车棚833平方米。

二是拓展"服务区＋低碳"。加强与新能源汽车厂商的战略合作,在服务区双侧建设蔚来汽车充换电一体项目(单侧换电站各1座,150千瓦充电桩各2个),建设装机容量64千瓦并配套232千瓦时储能系统的理想汽车HPC光储充一体化项目(单侧480千瓦、250千瓦充电桩各2个),有效缓解了新能源车主的充电焦虑。

三是构建"服务区＋环保"。加强生活污水治理和达标排放,投入200余万元,将服务区生活污水接入姜堰区市政排污管网,有效减少了污染源,保护了周边水体安全;创建AAA级旅游厕所,在全区设立光伏式分类垃圾箱12只,在北区设立红外线全自动感应投放的全封闭分类垃圾房,分类收集厨余垃圾、可回收垃圾、有害垃圾以及其他垃圾4大类;联合泰州市姜堰区烟草局打造省内首家高速公路服务区环保吸烟亭,有效控制了服务区室内吸烟,净化和改善了公共区域环境。

江苏姜堰启扬高速公路白米服务区

目前，江苏省综合交通运输学会公开发布了团体标准《江苏省高速公路绿色服务区评估指南》（T/JSCTS 12—2022），该文件提出了高速公路绿色服务区评估的总体考虑、评估指标体系和评估方法、评分标准等，适用于高速公路运营期绿色服务区的评估。

二、绿色低碳水上服务区

连申线航道如皋水上绿色综合服务区是目前国内首个由政府投资建设的规模最大、功能最全的水上绿色综合服务区。服务区坐落于如皋市长江镇长源物流码头离岸水域，配套建设了四站一基地、两船一平台，即：110米"绿色航运服务站"——"威龙趸"、60米"绿色船民服务站"、70米"绿色生态服务站"、65米"绿色救助服务站"四条趸船和小型到港分流船舶停泊基地，28米电动环保接收船、19米电动交通船和"长江汇""船家惠"App智能平台。服务区通过栈桥连接四条趸船，总长度接近400米，可同时为30条10000吨及以下内河船舶提供"一次靠泊、多项服务"。为满足停靠船民日益增长的用电需求，如皋水上绿色综合服务区不断优化用电新模式，建成1300平方米分布式光伏发电项目，实现用电"自发自用，余电上网"，年发电量将达20.3万千瓦时，每年可节能73.3吨标煤，减少粉尘排放63.3吨、二氧化硫7吨、氮氧化物3.33吨、二氧化碳226.6吨。

连申线航道如皋水上绿色综合服务区

2022年3月，中国生态文明研究与促进会绿色交通分会发布第一批"绿色交通"实践创新基地/项目名单，镇江京杭运河水上服务区获评"绿色港航示范基地"称号。

镇江京杭运河水上服务区

京杭运河镇江水上服务区全面实施大运河文化长廊文化标识、船舶污染物智能接收设施及岸基供电设施、集装箱式生活污水处理站、文化展厅（含室外展示区）等项目建设，结合新时代大运河文化，打造花园式服务区，集中展现船舶港口污染防治工作成效。投入建成船舶污染物智能一体化接收柜、生活污水回收处理装置、生活污水智能固定接收装置、岸基供电设施等，极大提升了船舶污染物送交接收环节工作效率。

智能化船舶污染物接收设施

生活污水处理设施

第六节
绿 色 机 场

南京禄口机场T2航站楼及停车楼在建设阶段集成应用了多项绿色节能技术，于2014年获得住建部颁发的绿色建筑三星级设计标识证书。投入使用后，南京禄口机场坚持绿色、循环、低碳发展理念，对标三星运行要求，综合采取节地、节能、节水、节材、室内环境和运行管理等各项措施，全方位打造"绿色机场"。

南京禄口机场建成了目前国内机场最大的雨水回收系统，雨水被收集并经过一系列处理后，用于55个洗手间的冲厕用水；所有生活污水经过滤消毒后变成"中水"，用于整个机场的绿化灌溉和道路冲洗；此外，T2航站楼及停车楼屋顶约2万平方米绿化带安装智能感应自动喷灌系统，实现自动喷灌。机场对室内照明实现智能控制，将航站楼细分为17个区域，各区域根据光照度、当前时间、季节天气、航班信息等实时采用不同的智能照明方案，有效降低了电能消耗。2017年，南京禄口机场通过评审成为全国首个获得绿色三星运行标识的机场。

全国首个获得绿色三星运行标识的机场——南京禄口机场

  2022年,南京禄口机场天然气"冷热电"三联供项目成功实现满负荷并网发电,成为国内第一个实现分布式能源项目满负荷发电的运输机场。该项目以天然气作为低碳清洁能源,利用天然气燃烧后的不同阶梯温度,为机场提供低碳电力、部分制冷及采暖,实现清洁能源的高效利用与梯级利用。项目满负荷发电后,南京禄口机场摆脱了原本以市电为主的电力消费结构,能源结构向着多元化、低碳化不断迈进。

南京禄口机场分布式能源中心

第七节
推进交通运输与能源融合发展

推进交通运输与能源融合发展，加快形成清洁低碳的新能源供应体系，是优化交通用能结构的重要手段，对于促进行业高质量发展、加快建设交通强国、支撑"双碳"目标实现具有十分重要的意义。近年来，江苏十分注重推进交能融合发展，鼓励利用交通基础设施资源，在高速公路、航道、港口、机场、铁路及客货枢纽场站等场景广泛开展光能、风能等可再生能源应用，交能融合发展取得一定的初步成效。

"十四五"以来，江苏交通先后发布"十四五"绿色交通发展规划、碳减排三年行动计划、绿色低碳发展实施方案等政策文件，提出"加强新能源清洁能源续航保障及绿色能源供给能力""推进交通枢纽场站绿色化改造"等重点任务，鼓励在交通基础设施按照"能设尽设"的原则增建光伏设施，鼓励发展临港风电能源系统。江苏主要交通运输企业积极开展交能融合发展规划的研究编制工作，江苏交通控股有限公司（以下简称"江苏交控"）牵头编制了《高速公路分布式光伏应用发展规划（2023—2030年）》，提出江苏省高速公路分布式光伏项目建设的主要思路、重点任务和具体目标，规划到2025年，江苏全省高速公路光伏累计装机容量达到100兆瓦，到2035年装机总容量达到350兆瓦。

为强化技术创新与标准体系的支撑保障，江苏交通立项开展"江苏高速公路交能融合研究及应用""港口航道风光储能源综合应用研究与示范""基于风光储一体化的自洽能源网技术研究"等科研项目，鼓励交能融合发展关键共性技术研究与应用，支持新能源与清洁能源应用、低碳运输装备，以及风光储综合能源利用等。江苏交控开展了《高速公路光伏发电工程技术规范》的研究制定工作，提出高速公路收费站、服务区、互通区、枢纽区、边坡、声屏障等交通附属光伏发电工程的项目选址、设计要求、施工和管理要求等。

《高速公路分布式光伏应用发展规划（2023—2030年）》和《高速公路光伏发电工程技术规范》通过评审

依托省级绿色交通主题性区域性项目创建，以及双碳科技创新项目"综合交通枢纽绿色低碳技术研究及应用重大科技示范"，鼓励交通运输企业积极开展光伏、风能等可再生能源开发利用，截至目前，江苏全省高速公路、港口、航道、机场、铁路及客货枢纽场站光伏、风力发电等设施设备总装机容量超过205兆瓦。

高速公路场景，江苏省高速公路风、光等可再生能源开发利用主要以江苏交控下属江苏云杉清洁能源投资控股有限公司为主，目前已在江苏交控管辖高速公路沿线收费站、互通、服务区等区域建成分布式光伏项目54个（其中服务区屋顶光伏项目30个、收费站屋顶光伏项目20个、互通区域光伏项目4个），装机规模22.6兆瓦。

江苏交控东部高速公路互通分布式光伏电站项目

港口场景，目前南京港龙集公司，苏州张家港港务公司、江苏江阴港港口集团股份有限公司、江阴苏龙热电有限公司、国能常州发电有限公司、常熟市龙腾特种钢、吕四大唐电厂、南通港口集团码头管理公司等港口码头铺设了光伏发电设施，总装机容量在 150 兆瓦以上；江阴港口集团大港、大澄分公司已建成 7 台分布式风力发电机，总装机容量 16.8 兆瓦。

江阴港风力发电机

机场场景，南京禄口机场、苏南硕放机场、常州奔牛机场利用航站楼屋顶、货站屋面、车棚棚顶等区域建设分布式光伏项目 4 个，装机规模 2.5 兆瓦。连云港民用机场、涟水国际机场在建光伏项目 2 个，装机规模 0.12 兆瓦。

南京禄口机场航站楼屋顶光伏

铁路场景，根据初步摸底，目前，省内仅南京南站、常州北站已在站房屋面铺设光伏设施，装机容量分别为 10.67 兆瓦和 0.2 兆瓦，常州南站、南京铁路办事处、南京北站等均规划建设屋面光伏、光储充一体化停车场等光伏项目，启东西站、南通站、如皋西站、黄桥站、扬州东站等铁路站点预留了光伏发电条件。

航道场景，淮阴船闸是全国内河航运单位中率先开展光伏发电站建设的单位之一，先后建成 60 千瓦屋面光伏电站和 150 千瓦护岸边坡光伏电站，光伏总发电容量达到 210 千瓦，占淮阴船闸供电总容量的 70%。

淮阴船闸光伏电站

客货枢纽场景，无锡汽车客运站、常州武进汽车客运站、射阳新站汽车站、扬中客运站等建设屋顶光伏电站，用于枢纽场站内区域照明、生产设备作业及办公生活用电，装机规模 2.6 兆瓦。

第三章 推进交通运输结构调整

第一节
强化顶层设计和示范引领

《江苏省推进多式联运发展优化调整运输结构行动计划（2022—2025年）》明确提出通过集中开展通道设施提升、组织模式优化、运输结构调整深化、装备升级改造、市场环境统一开放"五大行动"，推动实现"五个一"，即到2025年，多式联运基础设施"一体衔接"，联运线路"一网联通"，运输信息"一站互享"，联运规则"一单到底"，发展环境"统一有序"，基本形成大宗货物及集装箱中长距离运输以水路和铁路为主的发展格局。

为贯彻落实国家、省推进多式联运发展优化调整运输结构有关工作部署，江苏省交通运输厅联合江苏省财政厅联合下发《关于开展运输结构调整示范市建设工作的通知》（苏交运〔2022〕80号），在全国率先开展运输结构调整示范市创建工作。旨在利用3年左右时间，集中力量支持3～4个城市开展运输结构调整示范市建设，发挥示范市在运输结构调整优化中的引领带动作用，建成陆海（铁水）联运、公铁联运、江海河联运和国际班列等四个多式联运品牌体系，实现"一次托运、一张单证、一次结算、一单到底"的多式联运全程运输，基本形成大宗货物及集装箱中长距离以水路和铁路为主的发展格局。经各市申报、工作评审和结果公示，研究确定南京、无锡、徐州、苏州4市为全省运输结构调整示范建设城市。

第二节
推动大宗货物运输"公转铁""公转水"

推进干线铁路建设及既有线的扩能、电气化改造，持续提升现有铁路运输能力。大力推进干线航道扩能升级，强化支线航道建设，加快碍航航段、桥梁建设改造。着力提升多式联运承载能力和衔接水平，加快货运枢纽布局建设，进一步健全港区、园区等集疏运体系。截至2022年底，江苏全省干线航道达标里程2488公里，千吨级航道连通85%县级及以上节点；综合货运枢纽总数达到32个；沿海主要港口矿石、煤炭等大宗货物铁路和水路集疏港比例达到95.2%，同比上升了0.1个百分点；全省港口利用水路和铁路运输集装箱量达1823.6万标箱，占全省港口集装箱吞吐量的76.2%；65家重点工矿企业共完成货物运输5.4亿吨，铁路和水路货运量占比达87.8%。铁路、水运等集约运输方式在客货运中的占比不断提升，铁路客运量占比达24.6%，较2020年提高6.9个百分点；铁路、水运占公铁水空货运周转量比例达69%，较2020年提高5.2个百分点。

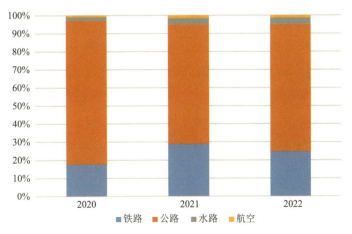

2020—2022年江苏各种运输方式客运量占比

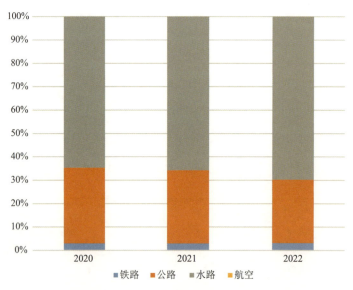

2020—2022年江苏各种运输方式货运周转量占比

第三节
大力发展多式联运

探索多式联运"一单制"。连云港、徐州携手推广集装箱铁水联运"一单制"模式,通过国际贸易"单一窗口"服务功能前置以及数字化方式打通铁路、港口、海运、通关等业务环节,联运效率提高约40%。南京、镇江试点实施进口电商货物港航"畅行工程",基于区块链技术的无纸化放货系统首票业务工作在南京港龙潭集装箱码头落地实施。苏州等地加强与干线船公司和铁路平台公司合作,持续推进铁路、内河CCA模式,打造外贸全程提单常态化线路。省内多地与上港集团合作,创新"内陆集装箱中心"模式,实现与上海港的紧密联动,通过"本地提空、就地报关、当地查验",有效缩短运输时间1～2天。

徐州至青岛直达快速班列

徐州至越南河内中欧班列

深入推进多式联运示范创建行动。累计发布 4 批、23 个国家级、省级多式联运示范工程项目，其中国家级示范工程项目 5 个，涵盖了我省主要多式联运节点，形成了错位发展、相互呼应、互为补充的良好布局。

江苏入选全国多式联运示范工程（5 个）

序号	批次	多式联运示范工程名称
1	第一批	连云港新亚欧大陆桥集装箱多式联运示范工程
2	第二批	南京区域性航运物流中心"连长江、通欧亚、辐射沿海及中西部"多式联运示范工程
3	第三批	打通大宗物资供应链经济走廊构建"陆港一体"多式联运示范工程
4	第三批	苏南地区集装箱公铁水多式联运示范工程
5	第四批	打造淮海经济区联通"一带一路"与长江经济带内外贸集拼集运铁河海多式联运示范工程

第四节
大力发展内河集装箱运输

累计开行 93 条内河集装箱航线，实现内河集装箱航线对江苏省内 11 个内河港口、8 个沿江沿海港口及上海、浙江、山东、安徽、河南、湖北等 6 个省市的覆盖。连云港、徐州、淮安围绕焦炭、粮食、铁矿砂、麦芽等大宗货物，并对接

"中欧班列"和国际干线,积极开辟特色航线,持续提升对区域产业发展的保障能力。连云港港、淮安港新辟至信阳港的铁矿砂"散改集"特色航线,进一步提升对内陆腹地冶金产业发展的支撑。苏州推动集装箱"公转水",持续加密工业园区港、高新港至上海港集装箱航线。2022年内河集装箱运输量累计完成110万标准箱,同比增长20.9%。

阜宁港至连云港港内河集装箱航线

苏太快航(杨林塘航道)航线

第四章 推广节能环保运输装备

交通运输装备清洁化发展是支撑国家碳达峰碳中和目标实现的关键路径。近年来，江苏紧紧围绕交通运输装备领域持续发力，加快城市公共交通领域车辆电动化替代，探索打造新能源船舶，鼓励港口企业广泛应用新能源与清洁能源，推进新能源车辆充换电设施建设，全力推动交通运输装备的绿色低碳转型。2022年，江苏全省营运货车、营运货船能耗强度比2020年分别下降1.86%、1.82%；碳排放强度分别下降1.71%、1.90%。

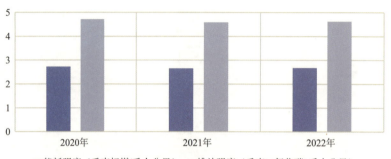

2020—2022年江苏省营运货车能耗强度与碳排放强度

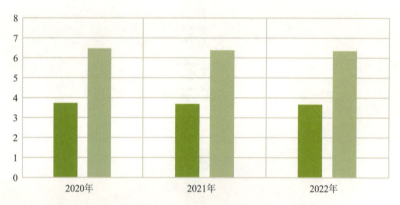

2020—2022年江苏省营运货船能耗强度与碳排放强度

第一节
新能源车辆

近年来,江苏依托公交优先发展、绿色出行行动、镇村公交建设、城乡客运一体化建设等工作,积极推进新能源车辆在公共交通领域的推广应用,有效促进了公交行业节能减排和车辆结构调整。2022年全省新增或更新的新能源公交车、出租车占比分别达到94%、87%,全省新能源公交车、出租车保有量占比已达到72%、59%,氢能源公交车超过100辆。

南京市新能源公交车

无锡市新能源巡游出租车

第二节
绿 色 船 舶

江苏在全国率先开展内河船舶应用LNG清洁能源的研究和推广工作，2010年成功研发了国内第一艘柴油—LNG混合动力船——"苏宿货1260号"干货船。2014年，"京杭运河江苏段水运应用LNG综合示范区"被交通运输部确认为全国水运行业应用液化天然气的首批试点示范项目，主要任务是实施LNG船舶建造、现有船舶LNG动力系统整体更新、内河岸基式LNG加注站建设等项目，研究破解船舶应用LNG的技术瓶颈，探索水运行业LNG推广应用方法与途径。截至2022年底，江苏拥有LNG动力船舶96艘，总数占全国LNG运营船舶总数的三分之一左右。

国内第一艘柴油—LNG混合动力船——"苏宿货1260号"

进入"十四五"以来，江苏积极探索内河纯电动船舶推广应用，印发了《江苏省纯电动内河集装箱船舶试点应用实施方案》《纯电动运输船舶关键技术需求清单》，推动江苏纯电动运输船舶关键技术和标准规范体系建设取得重大突破，力争到 2025 年实现江苏内河纯电动运输船舶发展规模、应用实效全国领先。

江苏纯电动运输船舶关键技术需求清单

技术类别	序号	具体技术
船舶制造与船电技术	1	充换电站建设技术
	2	纯电动运输船舶推广应用适应性技术
	3	纯电动运输船舶综合电力系统标准化型谱
	4	纯电动运输船舶综合电力系统集成设计与高效运行控制技术
	5	纯电动运输船舶综合电力系统智能能效关键技术
	6	船用高能量密度、高安全性、长寿命锂电池关键技术
	7	综合调试技术
	8	电磁兼容性研究技术
	9	适用于纯电动运输船舶的直流母线变频电控关键技术
	10	适配内河航运特点的拉式舵桨关键技术
	11	纯电动运输船舶标准船型研究
	12	集装箱式移动电源结构关键设计技术
	13	纯电动力系统整体更新改造方案关键技术
	14	基于陆用标准的船用直流充电接口通用性标准关键技术
	15	内河船舶"油改电"技术研究
安全保障与协同管控	16	大型船舶充换电场站电池系统安全管理及基于港口场景的光储充等多能源融合技术
	17	适用于换电船舶的全船电池能量管理技术
	18	基于船用电池系统安全设计与应用技术
	19	基于水冷水热的电池热管理系统设计开发
交通新基建	20	船舶换电技术
	21	船舶动态监测技术
	22	远程数据传输、监控及故障诊断技术

2022 年 10 月 10 日，全国首艘 120 标箱纯电动内河集装箱船"江远百合"轮首航，从太仓港码头，通过杨林塘、青杨港等航道，抵达苏州工业园区港码头，标志着江苏率先开启内河航运"纯电时代"。"江远百合"轮船舶总长 79.92 米、船宽 12.66 米，航速 17 公里/时，续航力可达 220 公里，采用纯电池驱动，设计为"即插即拔"换电模式，沿途设置换（充）电站，单次换电仅需 20 分钟，建造等级达到内河绿色船舶规范最高等级——"绿色船舶3"标准。

全国首艘 120 标箱纯电动内河集装箱船——"江远百合"号

江苏省 120 标箱纯电动内河集装箱船舶首航入选 2022 年度中国交通运输科技十大新闻。在船舶建造、示范应用过程中，江苏在组织方式、运营模式实施了多项创新举措，取得了显著效益。

一是协同推进。建立了行业管理部门、项目所在地管理单位、船舶运营企业共同推进的工作机制。成立纯电动运输船舶产学研用发展联盟，搭建技术合作平台，推进高等院校、科研院所、船舶建造企业、航运企业和能源企业等加强联合。

二是政策支撑。出台《江苏省纯电动内河集装箱船舶试点应用实施方案》，从建立试点机制、建造首制船、建设充电桩、加大资金支持、优化发展环境等方面明确了工作任务，全面保障试点船舶成功运营。

三是技术创新。在船舶设计过程中，充分考虑船舶操作灵活性、船员生活舒适性、船舶运营安全等因素，强化新技术、新理念的应用，在操控性能、空间利用、电源安全、充换电模式等方面实现技术创新，建造等级达到内河绿色船舶规范最高等级。

四是模式创新。采用"船电分离"模式，创新性采取融资租赁方式推进集装箱式移动电源租赁业务。该模式用户无须承担电池部分的成本，而是采取从电池资产公司租赁的方式随时租用/更换动力电池，根据电池用电情况来支付相应的费用。

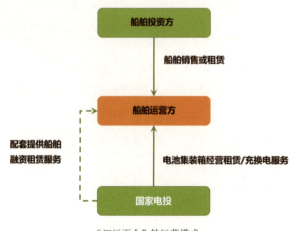

"江远百合"轮运营模式

与同吨级燃油船舶对比,"江远百合"轮正常运营后每年可替代柴油消耗约 80 吨,节省燃油成本 56.8 万元,减少人工成本近 15 万元。

"江远百合"轮运行经济费用对比具体情况

燃油船舶	舱位(标准箱)	油耗(吨/公里)	基准油价(元/吨)	单位距离成本(元/公里)
	96	0.005	9400	47
"江远百合"	舱位(标准箱)	电耗(千瓦时/公里)	电池电费(元/千瓦时)	单位距离成本(元/公里)
	120	18	0.64	11.5

注:油价测算基准为当前油价 9400 元/吨;电价采用大工业平均电价 0.64 元/千瓦时。

第三节
船 用 岸 电

江苏是全国大型海港岸电技术应用的首倡,2010 年连云港港成功研制出全球首套高压变频数字化船用岸电系统,2011 年 9 月在"富强中国"轮上首次接用成功。"高压变频数字化岸电技术"被国家发改委列入《国家节能减排推广目录(第五批)》,依托该技术形成的两项国家标准,并获得多项国家国际专利。

"富强中国"轮在连云港港首次接电成功

截至 2022 年底，江苏全省港口码头累计建成岸电设施 4276 套，岸电设施泊位覆盖率 93.1%，提前完成 2025 年底前码头泊位岸电设施覆盖率超过 90% 的工作目标。其中，内河、沿江、沿海港口岸电设施泊位覆盖率分别达到 92.6%、100% 和 68.0%。

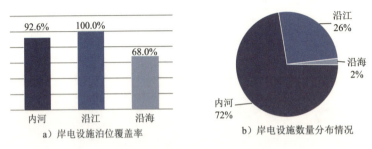

江苏岸电设施泊位覆盖率与数量分布情况

截至 2022 年底，江苏全省具备受电设施的船舶总数为 2165 艘，其中低压受电设施船舶 2154 艘，高压受电设施船舶 11 艘。具备受电设施船舶中，内河干散货船舶数量最多，共 1552 艘，占比高达 72%；其次是海进江船舶，共 211 艘，占比约 10%；其他运输船舶占比 8%；内河多用途船舶占比 7%。

第四节
绿色出行续航

为不断满足日益增长的电动汽车出行充电需求，加快健全交通运输领域充电基础设施体系，江苏省交通运输厅会同江苏交控、国网江苏省电力有限公司，在对全省公路沿线以及客运枢纽场站充电设施建设与运维现状、存在问题、充电需求等情况进行摸底调研的基础上，全面推进省域内高速公路、普通国省干线公路以及客运枢纽场站充电基础设施建设。

截至 2022 年底，江苏省域内 114 对高速公路服务区已实现充电设施全覆盖，建成并投入使用充电桩 836 个，均为快充。其中，10 对服务区建设换电站 16 座。普通国省干线公路服务设施 148 处（包含服务区 56 处、停车区 92 处），已建成充电桩的服务设施共有 66 处，占全部服务设施总数的 44.6%（其中服务区 38 处，占比 67.8%；停车区 28 处，占比 30.4%）。客运枢纽方面，省域内 32 个公路客运枢纽中 20 个建设配备了充电基础设施，共建设充电桩 400 多个，覆盖电动汽车专用停车位 600 多个。

高速公路服务区充电桩

第五章 支撑社会绿色低碳出行

第一节
绿 色 出 行

长期以来,江苏高度重视公共交通发展,"十二五"时期,江苏省政府印发《关于进一步落实城市公共交通优先发展战略的实施意见》(苏政发〔2014〕80号),深入贯彻落实科学发展观,突出城市公共交通的公益属性,将公共交通发展放在城市交通发展的首要位置。2015年省政府办公厅印发《江苏省公交优先示范城市建设工作实施方案》(苏政办发〔2015〕77号),组织开展江苏省公交优先示范城市建设工作。经过多年努力,江苏省已开展了三批公交优先示范城市申报工作,基本形成了公共交通优先发展的新格局。"十四五"时期,为深入贯彻落实党的十九大关于开展绿色出行行动等决策部署,江苏积极开展绿色出行创建行动,省交通运输厅、发改委、公安厅、住建厅联合印发《关于开展绿色出行城市创建行动的通知》(苏交运〔2020〕27号),以创建行动开启绿色出行发展新局面。截至目前,全省绿色出行比例不低于70%的城市占比达到100%,较监测初期(2019年)提高了90%。

江苏绿色出行比例监测数据

序号	城市	2019年(%)	2020年(%)	2021年(%)	2022年(%)
1	南京	69.0	72.5	76.0	75.0
2	无锡	67.8	68.9	70.0	70.1
3	徐州	74.2	75.1	76.0	79.5
4	常州	63.0	64.5	66.0	72.0
5	苏州	68.5	69.9	71.3	72.2
6	南通	41.8	54.3	66.8	70.8
7	连云港	63.0	63.0	63.0	72.0

续上表

序号	城市	2019年（%）	2020年（%）	2021年（%）	2022年（%）
8	淮安	68.2	68.3	68.4	73.0
9	盐城	61.0	65.5	70.0	77.0
10	扬州	60.0	65.1	70.2	80.3
11	镇江	—	—	—	74.5
12	泰州	—	—	—	72.2
13	宿迁	—	—	—	72.0

一、创建"国家公交都市示范城市"

自2017年南京成为国内首批获得"国家公交都市示范城市"称号以来，江苏全省上下联动、统筹谋划，全面推进城市公共交通跨越式发展。截至2022年底，南京、苏州及昆山先后获得"国家公交都市示范城市"称号。

昆山市成立了政府主要领导任组长的领导小组，专门负责研究制定全市公交都市建设的规划和计划，出台重大政策、扶持措施。先后完成《昆山市土地利用与交通协调发展（TOD）研究》《昆山市公交专用道规划》《昆山市中心城区停车系统规划》《昆山市S1号线配套公交调整规划》等，推进《昆山市公交线网规划》《轨道交通建设期间交通组织方案研究》和《昆山轨道K1线预可行性研究》的编制研究工作，完成新一轮《昆山市公交成本规制办法（草案）》的编制。重点推进高峰快线和微循环线路的调整优化，中心城区公共汽电车线路网长度占城市道路网长度的比例达68%，定制公交线路总数达11条。

昆山市获"国家公交都市示范城市"称号（2022年）

常州、扬州全面完成公交都市建设任务，于2022年9月接受了交通运输部公交都市建设成果现场验收。

常州市成立了由分管市长牵头，各相关部门和辖区政府为成员的创建工作领导小组，同时建立联络员制度，加强部门沟通，定期发布工作简报。创建以来，已发布国家公交都市创建工作简报 7 篇，完成了《城市公交线网专项规划》编制，正式颁布了《常州市公共汽车客运条例》和《常州市轨道交通条例》。创建期间，常州市新建 14 处城市公交枢纽站、7 处公交首末站；新辟公交线路 39 条次，优化调整线路 121 条次，延长运营服务时间 27 条次，新辟专业校车线路 3 条，完成了开通校园定制公交专线 7 条的目标。

常州市 BRT

扬州市成立了由市长挂帅、各部门参与的城市公共交通委员会，定期协调解决公交都市创建过程中的重要事项，研究制定公交发展的重大决策部署和政策措施，建立市、区部门联动综合保障机制。出台了《扬州市建设国家公交都市三年行动计划（2020—2022）》，开展了"扬州市中心城区公交场站规划修编及综合开发"研究、"大中城市公共交通发展模式扬州样板"研究、"扬州市区、江都区公共交通融合发展规划"研究等工作。创建期内累计新增 12 处公交首末站、9 处停车场；新辟公交线路 28 条，优化调整 127 条。

扬州市完成国家公交都市建设示范工程验收

无锡、徐州、盐城也纳入"十四五"期国家公交都市建设示范工程创建城市名单中。

二、创建"绿色出行创建达标城市"

2020 年，江苏省交通运输厅、省发展和改革委员会、省公安厅、省住房和城乡建设厅联合印发通知，明确以省会城市、公交都市创建城市、其他城区人口 100 万以上的城市为主体，开展绿色出行城市创建行动，合力推动建立"布局合理、生态友好、清洁低碳、集约高效"的绿色出行服务体系，确立绿色出行在公众出行中的主体地位。2022 年底，交通运输部、国家发展和改革委员会公布绿色出行创建考核评价达标城市名单，江苏南京、无锡、徐州、常州、苏州、南通、连云港、淮安、盐城、扬州和昆山等 11 个绿色出行创建城市全部达到绿色出行创建目标，被评为绿色出行创建达标城市，并在枢纽场站一体化衔接、碳积分激励平台、智能城市智慧大脑支持、绿色文化宣贯、常规公交提质、毗邻地区绿色出行交通一体化、出行新业态融合、无障碍设施改善、慢行环境治理、公交专用道成网、MaaS（出行即服务）一体化出行平台等方面形成一批典型示范案例。

（1）进一步完善智能调度系统，探索"一站式"出行

南京市开展了公交运行感知及决策示范应用，探索公共交通系统运营水平和服务水平的动态监测、全方位感知，提高了对公共交通运行状态的实时感知，增强了公共交通出行吸引力。昆山建设了大数据中心，构建集日常监督、便民服务、大数据分析和应急指挥于一体的全市交通综合指挥平台，持续推动智能公交系统优化升级，改善市民的出行便利性。淮安在省内先行先试，率先探索 MaaS 一体化智慧出行服务，对于区域出行信息服务功能需要进一步整合，极大地提高了市民的出行效率。

车路协同示意图

精准公交线

（2）强化资源整合，优化绿色出行方式之间有效衔接

常州市深入推进"轨道＋公交＋慢行"三网融合发展，围绕轨道交通 1 号线、2 号线开通运营，科学制定公交线网优化方案和公共自行车布点方案，加强与轨道配套衔接，目前轨道交通日均客流达 17 万人次，一体化衔接更加高效。

常州市轨道交通　　　　　　　　　　　　"常州行"App

（3）加快公交专用道成网，探索构建全域公交体系

盐城市围绕"市域公交发车间隔 30 分钟、市郊公交发车间隔 20 分钟、主城区公交发车间隔 10 分钟"目标，按照市域、市区及镇村三个层次，构建覆盖全市的全域公共交通网络体系。苏州市加快公交专用道成网，中心城区公交专用道设置率提高到 12.2%，城市主干道公交优先交叉口比例提高到 34.3%，极大地提高了城市公共交通的通行效率。

盐城市构建全域公交网络　　　　　　　　苏州市公交专用灯

（4）扩大毗邻公交衔接范围

徐州市目前已开通了徐州至萧县、徐州至宿州、徐州至丰县、贾汪至台儿庄四条毗邻公交，苏州市毗邻公交线网总长度达到 234.3 公里，平均每月服务市民出行近 18 万人次，极大地方便了两地居民出行，推动毗邻地区经济社会协调发展。

徐州市淮西客运站的跨省毗邻公交　　　　　　苏州市毗邻公交

（5）提高交通出行服务人性化水平

南通市探索"适老化"交通出行模式，配套建设无障碍设施，包括新建一批盲道无障碍设施、投放低地板公交车型等，并在"南通百通"App 开通无障碍服务功能，大大方便了听障、视障人群。

南通市纯电动城市公交　　　　　　　　　　　"好通证"

第二节
绿 色 配 送

为进一步深化运输结构改革，促进物流降本增效，推动城市货运配送绿色高效发展，江苏积极开展"绿色货运配送示范城市"创建工作。截至2022年底，苏州已荣获全国首批"绿色货运配送示范城市"称号，南京、徐州、南通、无锡4市入选第二批城市绿色货运配送示范工程创建城市名单，连云港位列第三批城市绿色货运配送示范工程创建城市名单。

一、苏州市

苏州市2018年成功申报城市绿色货运配送示范创建城市，2020年在全国率先通过交通运输部、公安部和商务部联合验收。苏州突出"以人为本、古城保护和科技创新"理念，以提供个性化、高质量的物流配送服务为发展目标，着重打造"集约、高效、绿色、智能、安全"的苏式配送服务品牌。

苏式配送

一是给予便利通行路权。在苏州市区范围实施分车型、分区域、分时段的配送车辆通行精细化管控措施的基础上,进一步提高新能源配送车辆和示范企业的优先路权,对新能源车辆100%发放通行证。

二是实施车辆运营奖补。制定出台《苏州市绿色货运配送车辆运营奖补办法》,针对示范企业新能源配送车辆,通过分车型精细化奖补缩小与燃油配送车辆的综合成本差距鼓励引导新能源配送车辆"跑起来"。

三是优化考核管理办法。苏州市交通运输管理部门联合公安、商务部门,对原示范企业考核管理办法进行了修订,进一步提高新申请企业的准入门槛,加强示范企业对于安全管理的要求,强化对示范企业的动态考核。

四是成立绿配行业协会。苏州市成立了完全由绿色配送示范企业组成的行业协会组织——苏州市物流与采购联合会绿色配送专业委员会,充分发挥协会的桥梁纽带作用,提供扶持政策解读、法律金融咨询、安全培训辅导等综合性服务。

五是出台行业自律公约。指导绿配专委会制定出台《苏州市城市绿色货运配送示范企业自律公约》,引导和约束绿配示范企业合法合规经营、优化服务水平,共同营造绿配行业公平公正、竞争有序的良好发展环境。

截至2021年底,苏州中心城区大型超市、卖场、连锁店等采用共同(夜间、集中)配送比例达85.4%。相较创建初期,苏州城市配送车辆利用效率提高21%,城市配送成本下降12.6%。

夜间配送

二、南京市

2019年12月,南京市入选第二批城市绿色货运配送示范工程城建城市名单,创建期内，紧紧围绕经济社会发展和人民群众对城市货运配送的新要求和新期盼，坚持智慧高效、绿色低碳的发展理念，整合各方物流资源，逐步形成体现南京特色的货运配送发展模式，推进枢纽建设和信息平台建设，完善通行管控政策和市场监管政策，抓好新能源配送车辆更新和配送组织模式创新，推动城市绿色货运配送高效发展。

一是发挥制度建设引领作用。成立由分管副市长任组长的工作领导小组，设立南京市城市绿色货运配送示范创建领导小组办公室，建立三部门联席会议制度和工作专班制度，有序推进各项创建工作。完成"南京市交通物流发展策略研究""南京市城市绿色货运配送发展规划"等一系列规划研究，为创建工作提供科学指导。出台《南京市城市绿色货运配送示范企业认定考核管理办法》《2021年南京市汽车（含新能源汽车）推广实施方案》等系列文件，为城市绿色货运配送企业发展、新能源车辆推广应用等提供发展指引。

二是优化城市配送设施设备。持续优化物流节点布局及功能，构建有机衔接、层次分明、功能清晰的4+12+"300+"圈层式三级城市配送网络体系。着力改善城市配送车辆"停车难"问题，一方面发挥价格杠杆调节作用，规定新能源车辆在道路临时停车泊位停车1小时15分钟内免收停车服务费；另一方面开展《南京市绿色货运配送临时停靠点布局方案》研究，在中心城区商业区、居住区、生产区、大型公共活动场地等区域，设置200处新能源城市配送车辆临时停靠点，新能源配送车辆享受限时免费停靠服务。出台新能源汽车推广实施方案，鼓励大型物流企业、商贸自营企业分阶段加大新能源城市配送车辆投入比例，截至2022年底，南京全市新能源货运配送车辆已达到11524辆，较创建初期增长了6441辆，车辆数翻一番。三局联合印发邮政快递专用电动三轮车管理暂行办法，投放电动三轮车6200辆，实现车型标准、外观标识等"六统一"。

南京市邮政快递专用电动三轮车统一标志

三是促进城市配送高效规范。出台《南京市城市绿色货运配送示范企业认定考核管理办法》（宁绿配办〔2020〕2号），先后认定了10家城市绿色货运配送示范企业。根据重点企业调查采样数据，示范企业新能源车辆日均行驶里程130公里左右，车均日充电时长约为3.3小时，车辆月平均流水在12000元以上，月平均净收入在7000元以上。同时创建期间培育26家AAA级及以上规模型货运配送企业。推广"连锁采购+高效配送"模式，大型商超统一配送率达83.6%。依托大型农副产品批发市场，建立物流配送中心，探索"批发市场+高效配送"模式。持续完善智能快件箱等末端配送网点，积极发展末端自提配送模式。

四是城市货运配送智慧监管。基于南京综合交通运输管理系统（智慧交运），开发并建成南京市城市绿色货运配送平台。平台有效整合交通、公安、商务等部门政务信息，接入三级物流节点数据、物流车辆公共充电桩数据、货运停靠点数据以及30多家物流企业数据，同时动态接入企业货运车辆T-BOX数据，形成南京市绿色配送动静态数据中心。在此基础上，平台开发了6大模块、20+子模块的功能模块体系，提供信息查询、企业管理、绩效考核、车辆监管、数据分析、交通诱导等核心功能模块，为南京市绿色货运配送提供全过程服务。

三、无锡市

无锡为全国第二批城市绿色货运配送示范工程创建城市。截至2022年底，无锡市区已基本形成6+11+"200+"三级城市绿色货运配送网络节点，共同配送、统一配送、集中配送等先进模式持续推广。

一是完善协同体制机制，强化资金保障。无锡市政府印发了《无锡市创建绿色货运配送示范城市工作方案》，实化细化各部门任务分工。创新市级推广补贴政策，出台《无锡市城市绿色货运配送重点建设项目奖补方案》专项扶持资金。

二是多角度培育市场主体，形式闭环管理。出台《无锡市城市绿色货运配送试点企业认定考核管理办法》，定期对试点企业进行考核和更新，考核合格的试点企业享受省市相关资金扶持政策及通行路权停靠政策。

三是完善节点布局，统一标识提升服务品质。打造6个干支衔接型货运枢纽（物流园区）、11个公共配送中心，构建6+11+"200+"的三级城市绿色货运配送网络节点体系，形成"干线运输+干支衔接+城市配送"三层分隔物流通道保护环。纳入三级体系节点统一悬挂"玉飞凤"绿色配送标牌，树立全市绿色配送服务形象。

无锡市公共配送中心

四是放开新能源路权,方便临时停靠作业。出台《关于调整载货汽车、专项作业车相关通行政策的通告》,提升新能源货车、冷藏保温车通行路权。在城区范围内设置绿色配送临时停靠点,划设停车位标识以及竖立提示牌。

五是搭建智慧公共平台,实现服务监测统计多功能。建成"无锡城市货运配送公共信息服务平台",为企业提供信息查询、电子通行证办理、交通诱导、数据统计等服务。

截至 2022 年底,无锡市新能源配送车辆保有量较示范建设期初(2020 年 1 月)提高了两倍。冷链保温配送车辆占全部城市配送车辆保有量的比例远高于全国平均水平。在快消品、农产品、医药、快递邮件等城市配送领域,培育形成了多家组织模式高效、技术创新、设备智能的绿色货运配送龙头企业,运作效率大幅提升。通过发展共同配送、统一配送、夜间配送、分时配送等集约化配送模式,运输成本较示范建设期初(2020 年 1 月)降低约 10.91%。

第六章 强化减污降碳协同增效

第一节
港口粉尘在线监测系统建设

江苏自 2017 年开始部署港口粉尘在线监测系统建设工作，江苏省交通运输厅与生态环境厅联合印发《江苏省港口粉尘综合治理专项行动实施方案（2017—2020 年）》，提出"到 2020 年底，大型煤炭、矿石码头粉尘在线监测覆盖率达到 100%"的建设目标。2018 年 9 月，江苏省人民政府印发《江苏省打赢蓝天保卫战三年行动计划实施方案》，进一步明确"从事易起尘货种装卸的港口应安装粉尘在线监测设备"的任务要求。2019 年 7 月，印发《江苏省港口粉尘在线监测系统建设实施方案》，提出按照"先沿江、再沿海和干线航道、最终实现全覆盖"的思路，分步有序推进港口粉尘在线监测系统建设。同时制定出台《江苏省港口粉尘在线监测系统建设技术要求》，规定了港口码头区域内粉尘在线监测系统的组成与要求、监控点位与设备安装、数据采集、传输、存储与处理、信息监控管理平台、系统运行维护与管理、系统验收等相关要求。截至 2022 年底，江苏实现从事易起尘货种装卸的港口企业粉尘在线监测系统全覆盖，2094 家港口企业共 4378 套粉尘在线监测设备全部接入省级监测监管平台。

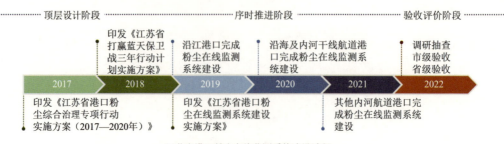

江苏省港口粉尘在线监测系统建设过程

粉尘在线监测设备

江苏省交通运输港口粉尘在线监测监管平台具备数据管理、数据超标报警和预警、GIS 显示和视频监控等功能。平台用户包括各级港口管理部门和港口企业，平台监测数据包含 TSP、PM2.5、PM10 和气象等参数。

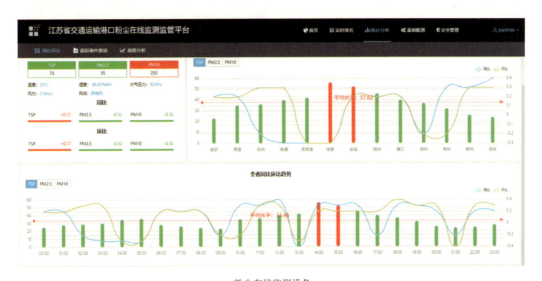

粉尘在线监测设备

通过分类、有序推进港口粉尘在线监测系统建设工作，江苏港口企业粉尘治理意识显著增强，路面硬化、洒水、喷淋、苫盖、防尘网、全封闭、粉尘监测智能喷淋等各类措施得到广泛应用。据初步统计，目前江苏干散货码头中，约 45% 的码头采用皮带通廊等封闭方式运输，约 47% 的码头建设了全封闭料仓存放物料，约 52%

的码头建设了防风抑尘网，大型煤炭码头已基本实现全封闭带式输送。

全封闭带式输送机

全封闭料仓

连云港港防风抑尘网

常州国电码头封闭煤场

部分港口企业强化科技创新，大幅提升粉尘治理的智慧化水平。如张家港港务集团研发并投入使用的"港口粉尘多维度云监测与智能洒水联动控制系统"，通过粉尘监测仪和粉尘激光雷达对整个散货作业码头进行全覆盖扫描，运用智能算法精确定位粉尘来源，实现与喷淋系统的联动控制，有效降低作业区粉尘浓度，显著提升粉尘污染治理水平。

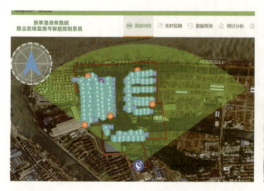

张家港港务集团粉尘在线监测与智能控制系统

第二节
船舶防污设施升级改造

"十二五"至"十三五"期间，江苏共拆解改造老旧运输船舶 1.3 万艘，数量居长江经济带 11 个省市之首，一批环保性能差、排放不达标的老旧船舶被淘汰出水路运输市场。

在严格执行 2011 年以后新建船舶必须安装生活污水储存装置规定的基础上，2015 年，江苏在全国率先研发出适用于内河船舶的生活污水处理装置，在"兴普 2001"轮上完成安装改造。2015 年 5 月江苏省交通运输厅印发《内河船舶生活污水防污改造实施方案》，推进内河船舶防污改造工作。截至 2019 年底，江苏省籍 9073 艘 400 总吨以上内河船舶全部完成防污改造。2019 年，江苏省交通运输厅组织开展"船舶污染防治一号行动"，针对 400 总吨以上船舶开展防污设施使用专项检查，经过统一行动，江苏辖区内船舶防污设施使用率显著提升，使用率从专项行动前的 40.6%，上升到行动结束时的 85.2%。

2019 年，江苏在全国率先开展 400 总吨以下货运船舶生活污水防污改造工作，经江苏省政府批准，省财政安排环保专项资金 1.8 亿元，为江苏省籍 1.68 万余艘货运船舶免费安装生活污水储存柜和监控设备。2020 年，江苏在此基础上进一步提高提升工作要求，推动船舶采用铅封旁通阀门方式"打补丁、防偷排"，推动实现生活污水零排放。印发《关于加强京杭运河江苏段船舶生活污水"零排放"监管要求的通告》，明确要求从 2020 年 9 月 1 日起，不能满足生活污水"零排放"要求的船舶，不得进入京杭运河江苏段。

率先研发出适用于内河船舶的生活污水处理装置　　　　对船舶污水处理装置进行铅封

截至 2022 年底，江苏省籍 2.6 万余艘货运船舶已全部具备生活污水"零排放"的能力，基本实现生活垃圾和污水的"船上收集、送岸处理"。

第三节
船舶水污染物接收转运处置设施建设

2017 年江苏省立项开展"江苏省内河船舶污染物接收、转运及处置设施建设标准"研究工作，研究提出船舶水污染物接收设施建设主体的分级方法，以及不同等级建设主体建设不同类型船舶水污染物接收设施的布局、规模等要求，该项目经评审专家鉴定达到国内领先水平。2019 年在国内率先出台《江苏省内河船舶污染物接收设施建设指南（试行）》，该指南作为《关于用更加严格举措切实加强船舶水污染防治的实施意见》（苏污防攻坚指办〔2019〕70 号）的附件，要求江苏辖区内三级以上干线航道沿线的港口码头全部按照指南要求完成船舶水污染物接收设施建设任务。

在国内率先出台《江苏省内河船舶污染物接收设施建设指南（试行）》

同年，《江苏省内河船舶污染物接收设施建设指南（试行）》被推荐为长三角区域交通运输标准一体化试点标准项目，由江苏省作为牵头省份，联合上海市、浙江省、安徽省开展区域标准研究编制工作。2020年12月，长江三角洲区域地方标准《船舶水污染物内河接收设施配置规范》（DB31/T 310001—2020、DB32/T 310001—2020、DB33/T 310001—2020、DB34/T 310001—2020）正式发布。该标准明确提出长江三角洲区域内河通航水域港口码头、水上服务区、船闸等水运基础设施，配备建设船舶水污染物接收设施（含岸上接收设施和流动接收船舶）的配置要求，为协同推进长三角三省一市区域内河船舶水污染防治工作提供了标准支撑。

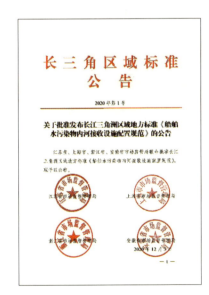

江苏牵头编制的《船舶水污染物内河接收设施配置规范》（DB31/T 310001—2020、DB32/T 310001—2020、DB33/T 310001—2020、DB34/T 310001—2020）是国内首个联合审查、统一发布的区域性标准

截至 2022 年底，江苏省辖区内共建成船舶水污染物接收点 3161 个，其中港口码头接收点 2970 个、公共接收点 171 个（船闸待闸区接收点 81 个、水上服务区接收点 37 个、船舶锚地接收点 53 个）、其他接收点 20 个。船舶水污染物接收设施 11383 套。此外，13 个设区市共打造 32 艘多功能船舶水污染物接收船，联合省内 218 家船舶水污染物第三方接收企业共同为过往船舶提供污染物接收服务，江苏已基本具备船舶水污染物"应收尽收"能力。

船舶水污染物多功能接收船

船舶污水接收车

2022 年，江苏全省共接收船舶垃圾 4187 吨、生活污水 33.4 万立方米、船舶含油污水 3.4 万立方米，"长江干线船舶水污染物联合监管与服务信息系统"中江苏省各类船舶污染物转运处置率均保持在 90% 以上。

江苏省船舶垃圾、船舶生活污水、船舶含油污水转运率和处置率

第四节
化学品船洗舱站建设

为贯彻落实党中央、国务院关于长江经济带"共抓大保护，不搞大开发"发展理念，适应长江干线江苏段危化品运输以及危化品换装洗舱发展需要，江苏按照《交通运输部办公厅关于印发长江干线水上洗舱站布局方案的通知》以及交通运输部与三省一市联合印发的《关于协同推进长三角港航一体化发展六大行动方案》要求，全力推进长江干线江苏段洗舱站建设。江苏省交通运输厅印发《关于推进长江干线（江苏段）水上洗舱站建设的通知》（苏交港航〔2019〕4号），统筹部署洗舱站建设工作。争取省级层面工作经费补助3000万元，全力保障洗舱站建设前期工作，充分调动地方企业投资积极性，撬动地方政府补助。南京、无锡、泰州3市主动作为、勇于担当，克服工作时间紧、建设标准不明确等困难，在2020年底前圆满完成5座洗舱站的建成投运的任务目标，洗舱站数量占长江干线洗舱站总数1/2，每站的洗舱能力均为600艘次/年。

江苏长江水域危化品洗舱站一览表

序号	洗舱站名称	洗舱能力（艘次/年）	洗舱作业范围
1	南京龙潭港区洗舱站	600	以油类为主，兼顾化学品
2	南京大厂港区洗舱站	668	22种化学品：甲醇、MTBE（甲基叔丁基醚）、醋酸、对二甲苯、混合二甲苯、邻二甲苯、乙二醇、重芳烃、二甲基甲酰胺、醋酸乙烯酯、甲苯、正丁醇、丙酸、粗丙烯酸、二丙基庚醇、乙醇、丙醇、丁二醇、二乙二醇、甲酸、丙烯酸甲酯、丙烯酸丁酯
3	无锡（江阴市）石利港区长江干线水上洗舱站	600	包括洗舱、抹舱服务，可接收处理油、脂、醇、酮、芳烃五大类百余种化学品、油品
4	南通阳鸿石化洗舱站	600	接收处理油类、醇类、脂类、酮类、醚类、液体烷烃类、卤代烷类、芳香烃类8大类污水的能力
5	南通中化南通洗舱站	600	包括洗舱、污染物接收以及油污水处理，可处理所有油品及芳烃类、醚类、醇类化工品。

如皋港区阳鸿石化水上洗舱站

江海港区中化南通洗舱污水处理站

石利港区江阴港洗舱站

大厂港区扬子石化洗舱站

龙潭港区南京油运洗舱站

为促进洗舱站正常运行，江苏印发《关于进一步加强长江江苏段载运散装液体危险货物船舶洗舱监管的通知》，明确了洗舱标准与要求，建立了"应洗尽洗"清单，推动实现辖区长江水域化学品运输船舶和油船"应洗尽洗"。2022年，长江干线江苏省5座洗舱站全年完成洗舱作业299艘次，接收洗舱水154艘次，同比分别增长83.4%和8.5%。

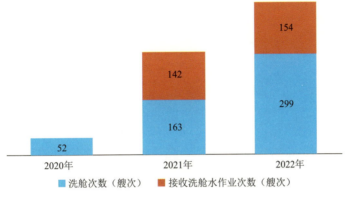

长江干线江苏段水上洗舱站2020—2022年作业艘次

第七章 提升绿色交通治理能力

第一节
完善绿色交通战略规划体系

江苏交通十分重视行业节能环保、绿色发展规划与实施方案的制定工作。先后印发《江苏省公路水路交通节能规划（2011—2015 年）》《江苏省交通运输节能环保"十三五"发展规划》《江苏省"十四五"绿色交通发展规划》等专项发展规划，发布《省政府办公厅关于加快绿色循环低碳交通运输发展的实施意见》等指导性文件，出台《江苏省交通运输领域绿色低碳发展实施方案》以及《江苏省绿色出行三年行动计划（2021—2023 年）》《江苏省推进多式联运发展优化调整运输结构行动计划（2022—2025 年）》等一系列政策文件，扎实稳步推进绿色交通发展任务和目标落地实施。江苏 13 个设区市以及江苏交控、江苏省港集团等企业也编制了绿色交通相关规划或实施方案。

江苏省级绿色交通相关规划或实施方案

序号	规划政策名称	文号
1	《江苏省交通运输领域绿色低碳发展实施方案》	苏交技〔2023〕1 号
2	关于印发《江苏省交通运输领域绿色低碳发展实施方案》任务落实分解表的通知	苏交技函〔2023〕19 号
3	《江苏省交通运输厅关于深入打好交通运输污染防治攻坚战的实施方案》	苏交执法〔2022〕22 号
4	《江苏省推进多式联运发展优化调整运输结构行动计划（2022—2025 年）》	苏政办发〔2022〕49 号
5	《江苏省"十四五"绿色交通发展规划》	苏交技〔2021〕24 号
6	《江苏省绿色出行三年行动计划（2021—2023 年）》	苏交运〔2021〕17 号
7	《江苏省交通运输碳减排三年行动计划（2021—2023 年）》	苏交技〔2021〕18 号
8	《全面加强生态环境建设坚决打好污染防治攻坚战三年行动计划实施方案》	苏交执法〔2019〕24 号

续上表

序号	规划政策名称	文号
9	《江苏省港口粉尘综合治理专项行动实施方案》	苏交港〔2017〕11号
10	《江苏省绿色公路建设实施意见》	苏交工〔2017〕5号
11	《江苏省加快绿色循环低碳交通运输发展考核办法》 《江苏省加快绿色循环低碳交通运输发展考核办法实施细则》	苏绿交发〔2016〕10号

江苏省市级绿色交通相关规划或实施方案

序号	设区市	规划政策名称	文号
1	南京市	《南京市绿色循环低碳交通运输发展规划（2014—2020年）》	宁政发〔2015〕39号
2	南京市	《南京市人民政府办公厅关于加快绿色循环低碳交通运输发展的实施意见》	宁政办发〔2016〕56号
3	无锡市	《无锡市政府办公室关于加快绿色循环低碳交通运输发展的实施意见》	锡政办发〔2016〕226号
4	徐州市	《徐州市政府办公室关于加快绿色循环低碳交通运输发展的实施意见》	徐政办发〔2016〕213号
5	徐州市	《徐州市"十四五"绿色交通专项规划》	徐交电传〔2021〕304号
6	常州市	《常州市政府办公室关于加快绿色循环低碳交通运输发展的实施意见》	常政办发〔2016〕173号
7	苏州市	《苏州市政府办公室关于加快绿色循环低碳交通运输发展的实施意》	苏府办〔2016〕260号
8	南通市	《南通市人民政府办公室关于加快绿色循环低碳交通运输发展的实施意见》	通政办发〔2016〕151号
9	南通市	《南通市"十四五"绿色交通发展规划》	通交环〔2022〕1号
10	南通市	《南通市交通运输领域绿色低碳发展实施方案》	通交环〔2023〕8号
11	连云港市	《连云港市政府办公室关于印发连云港市加快绿色循环低碳交通运输发展实施意见的通知》	连政办发〔2016〕118号
12	连云港市	《连云港市绿色交通"十四五"发展规划》	连交〔2022〕155号
13	淮安市	《淮安市政府办公室关于加快绿色循环低碳交通运输发展的实施意见》	淮政办发〔2016〕64号
14	淮安市	《淮安市交通运输领域绿色低碳发展实施方案》	淮交〔2023〕21号
15	盐城市	《盐城市人民政府办公室关于加快绿色循环低碳交通运输发展的实施意见》	盐政办发〔2016〕92号
16	镇江市	《镇江市人民政府办公室关于加快绿色循环低碳交通运输发展的实施意见》	镇政办发〔2017〕179号
17	镇江市	《镇江绿色低碳港口建设行动方案(2023—2025年)》	镇交〔2023〕26号
18	泰州市	《泰州市绿色交通运输发展规划（2018—2020年）》	泰交经〔2018〕15号
19	宿迁市	《宿迁市"绿色交通"建设实施意见》	宿交发〔2023〕12号

第二节
健全绿色交通标准规范体系

紧密结合江苏交通发展特征，积极开展绿色交通地方标准规范研究和制修订工作。先后出台绿色公路评价规范、绿色航道建设指南、多式联运运营服务规范、机动车维修业节能环保技术规范等 30 余项绿色交通地方标准，涵盖交通基础设施、运输装备、运输组织、污染防治等多个领域。

江苏省绿色交通相关地方标准规范

序号	标准名称	标准号
1	《绿色港口评价指标体系》	DB32/T 4549—2023
2	《江苏省绿色航道建设指南》	DB32/T 4191—2022
3	《车路协同路侧设施设置指南》	DB32/T 4192—2022
4	《绿色公路评价规范》	DB32/T 4306—2022
5	《城市轨道交通全自动运行路线初期运营前安全评估技术规范》	DB32/T 4320—2022
6	《高速公路沥青面层质量管控技术规范 第1部分：常用沥青与沥青混合料》	DB32/T 4339.1—2022
7	《高速公路沥青面层质量管控技术规范 第2部分：动态智能管控》	DB32/T 4339.2—2022
8	《高速公路沥青路面施工技术规范（修订）》	DB32/T 1087—2022
9	《公路服务区智慧节水技术规范》	DB32/T 4419—2022
10	《普通国省干线公路智慧工地建设技术要求》	DB32/T 3972—2021
11	《交通船闸大修工程质量监测规范》	DB32/T 3973—2021
12	《交通船闸维护技术规范》	DB32/T 3974—2021
13	《"江苏快客"服务规范》	DB32/T 1663—2021
14	《建筑垃圾填筑路基设计与施工技术规范》	DB32/T 4031—2021
15	《普通国省干线绿色公路建设技术规程》	DB32/T 3949—2020
16	《农村公路提档升级路面绿色技术施工规程》	DB32/T 3948—2020

续上表

序号	标准名称	标准号
17	《内河低压小容量船舶岸电连接系统技术规范》	DB32/T 3710—2020
18	《船舶水污染物内河接收设施配置规范》	DB31/T 310001—2020 DB32/T 310001—2020 DB33/T 310001—2020 DB34/T 310001—2020
19	《多式联运运营服务规范》	DB32/T 3766—2020
20	《"空巴通"旅客联程联运服务规范》	DB32/T 3767—2020
21	《内河船舶大气污染物排放清单编制技术指南》	DB32/T 3567—2019
22	《公路水泥就地冷再生基层施工技术规范》	DB32/T 3604—2019
23	《生活垃圾焚烧炉渣集料在公路中应用施工技术规程》	DB32/T 3641—2019
24	《道路甩挂运输生产作业流程规范》	DB32/T 3469—2018
25	《沥青路面厂拌热再生施工技术规范》	DB32/T 3312—2017
26	《在用汽车尾气排放性能维护技术规范》	DB32/T 3195—2017
27	《乳化沥青冷再生施工技术规范》	DB32/T 2884—2016
28	《机动车驾驶培训智能化管理与服务系统计时终端技术规范》	DB32/T 2721—2014
29	《机动车维修业节能环保技术规范》	DB32/T 2706—2014
30	《硫磺温拌沥青混合料路面施工技术规程》	DB32/T 2701—2014
31	《泡沫沥青冷再生路面施工技术规范》	DB32/T 2676—2014

江苏省地方标准《绿色港口评价指标体系》（DB32/T 4549—2023）框架

江苏省是我国的水运大省，港口企业数量众多，绝大多数港口企业的码头为通用散货、通用件杂货等类型。港口中万吨级及以上的沿江、沿海大港占比6%左右，专业化水平较高；小于千吨级的港口占比72%左右，多为内河码头。针对沿江、沿海港口与内河港口在装卸工艺、作业货种、节能环保工作基础等方面存在较大差异，绿色港口创建工作需要分类指导的现实问题，江苏于2019年正式启动"江苏省绿色港口评价指标体系"研究工作，2020年以通知的形式正式印发，作为指导江苏绿色港口申报和评价的重要依据。2022年，《绿色港口评价指标体系》正式纳入省地方标准拟立项项目名单，并于2023年4月通过江苏省市场监督局组织的地方标准技术审查。

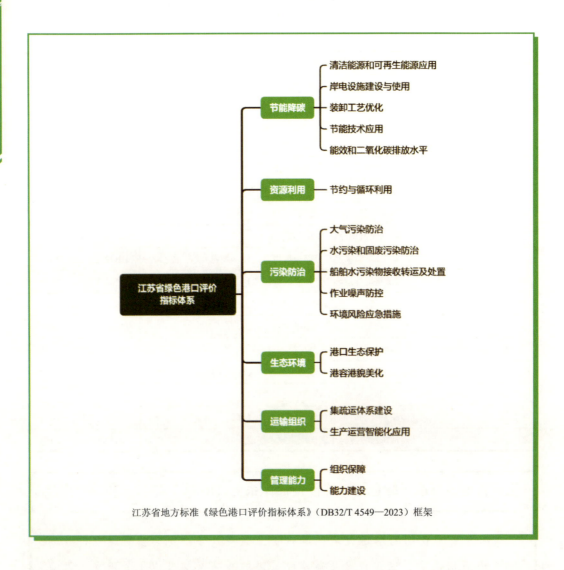

江苏省地方标准《绿色港口评价指标体系》（DB32/T 4549—2023）框架

第三节
强化绿色交通科技攻关与成果转化

依托江苏省交通发展（科技与成果转化）专项资金，每年组织实施一批绿色交通方向的关键技术研发与成果转化应用项目，针对绿色交通发展的重难点问题，系统开展绿色基础设施建设养护、绿色交通装备推广应用、运输组织模式创新、能耗排放统计监测考核评估、港口船舶污染防治等技术研究和科技示范等，"连云港港高压变频数字化岸电技术""LNG 在运输船舶上应用技术""水上智能过闸系统""高效绿色城市货运配送体系""内河港口和船舶污染防治关键技术"等一批研究成果成功应用于江苏省交通运输行业推进节能降碳、环境保护各项工作中。

2022 年，江苏省交通运输厅组织申报"省碳达峰碳中和科技创新专项资金项目"，"综合交通枢纽绿色低碳技术研究及应用重大科技示范""环氧沥青在路面工程中绿色高效降碳关键技术重大科技示范" 2 个项目获批立项。

"综合交通枢纽绿色低碳技术研究及应用重大科技示范"项目旨在针对行业脱碳路径不明晰、碳监测体系不健全、综合交通枢纽绿色低碳技术不成体系等痛点问题，开展行业脱碳路径、碳排放核算和预测方法、多式联运、低碳综合枢纽建设和运营等关键技术研究，在南京、苏州、淮安等地打造一批近零碳示范工程，总结形成一套交通运输行业降碳脱碳的新方法、新技术、新模式。依托项目实施，将建成 8 个绿色低碳枢纽，3 个绿色出行示范城市，5 条多式联运示范线路，3 个（近）零碳港口，3 个用能自治型零碳服务区，绿色出行示范城市绿色出行比例提升至 75%，集装箱多式联运示范线运量年均增长 10%，项目是时期内带动交通运输行业降碳 3.2%，形成不低于 110 万吨每年的降碳能力。

"综合交通枢纽绿色低碳技术研究及应用重大科技示范"1238N 成果体系

立项开展"江苏省绿色交通关键技术政策及推广目录清单研究"项目，围绕客货运输、公路、港口航道、城市交通、智慧交通五大领域，结合技术先进性、普及程度、往年推广情况等因素评估情况，分别于 2019 年和 2022 年编制发布《江苏省交通运输节能减排技术目录清单》(2022 年度见附录一)，各收录 18 项和 29 项先进适用、安全可靠的绿色交通技术，面向全省交通运输行业推广应用。2021 年，江苏推荐申报的 6 项技术入选交通运输部《交通运输行业节能低碳技术推广目录（2021 年度）》（附录二）。

第四节
率先建设行业能耗统计监测体系

为推进行业节能减排工作开展，江苏交通在 2010 年启动开展"交通运输节能减排统计监测考核体系研究"工作，围绕交通运输能耗统计体系、监测体系、考核体系、保障激励体系等开展技术和工作机制研究。2011 年制定出台《江苏省交通运输行业节能减排工作考核办法》《江苏省交通运输能耗调查监测实施方案》，建立了覆盖公路、水路、港口、城市客运4领域的能耗统计报表制度，调查样本企业200家，样本车船约1500辆（艘）。为实现能耗调查组织、数据上报、审核等工作的信息化管理，2012年启动"江苏省交通运输节能减排统计分析系统"研究开发，依托该平台实现样本库管理、能耗相关数据上报审核、数据查询分析等功能。2013年启动能耗监测体系建设，开展了"营运车船、港口能耗在线监测统计分析管理系统重大专项"，编制发布《江苏省交通运输能耗监测样本配置及实施方案》。2014年开展常州、南通、淮安3个交通运输能耗排放统计监测试点城市建设，在试点城市安装2000余套营运车船及港口设施能耗在线监测终端，实现监测数据与统计数据互相校验。2015年，江苏省交通运输厅批复建设"江苏交通运输行业能耗排放监测统计中心"，常态化开展能耗排放监测统计技术研究与推广、能耗排放监测统计数据采集上报和分析、能耗排放监测统计人员培训及交流等工作。同时，为支撑江苏省绿色循环低碳示范省创建，在"交通运输节能减排统计分析系统"的基础上，升级开发"江苏绿色循环低碳交通运输建设综合管理服务平台"。2016年开展能耗排放统计监测样本的首次扩样，扩样后样本企业达到500家，样本车船超过5000辆（艘）。

2018年，为贯彻落实交通运输部、江苏省关于碳达峰碳中和以及深入打好污染防治攻坚战的相关工作部署，启动"绿色交通云平台"建设工作，进一步拓宽数据采集范围，创新数据采集方式，实现交通基础设施、运输装备、运输服务、能源消耗、二氧化碳排放、资源占用、环境监测等关键数据的全覆盖采集；强化数据分析功能，实现对绿色交通发展指标和重点工作进展情况的实时监督检查。

绿色交通云平台界面

2021年,开展交通运输碳排放9口径统计监测体系研究,明确了覆盖公路、铁路、水路、航空、港口、城市客运、社会车辆、邮政仓储、基础设施9大领域的碳排放数据核算方法、数据来源,以及统计调查制度等。2022年江苏省正式开展交通运输9口径碳排放统计监测工作,并完成第二次样本扩样,样本企业已达1000家,样本车船约12000辆(艘)。

江苏省交通运输9口径碳排放量核算方法

序号	统计口径	核算方法
1	公路	预测碳排放量 = 运输周转量 × 单位运输周转量碳排放强度
2	铁路	预测碳排放量 = 运输周转量 × 单位运输周转量碳排放强度
3	水路	预测碳排放量 = 运输周转量 × 单位运输周转量碳排放强度
4	航空	预测碳排放量 = 运输周转量 × 单位运输周转量碳排放强度
5	港口	预测碳排放量 = 港口吞吐量 × 单位吞吐量碳排放强度
6	城市客运	预测碳排放量 = 客运量 × 单位客运量碳排放强度
7	社会车辆	预测碳排放量 = 交通工具行驶里程 × 单位里程碳排放强度
8	邮政仓储	预测碳排放量 = 服务业务量 × 单位服务业务量碳排放强度
9	基础设施	预测碳排放量 = 统计能源消耗量 × 单位能耗碳排放强度

2010至2022年,江苏省交通运输厅每年开展2次半年度行业能耗统计调查工作,印发能源消耗和碳排放统计分析报告(上半年度报告和全年度报告各一册),面向全省交通运输行业发布各子领域以及全领域的能耗排放总量、强度等数据,并对发展趋势、存在问题等情况展开分析。

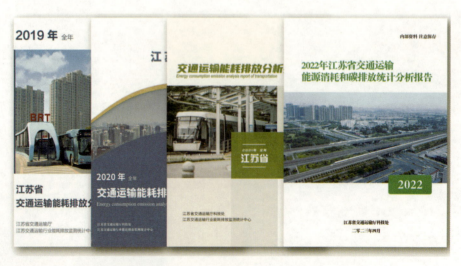

江苏省交通运输能源消耗和碳排放统计分析报告(2019—2022年)

第五节
强化绿色交通发展资金支持

为推进江苏省绿色交通发展，提升交通运输行业节能减排监管和服务能力，江苏省设立交通发展（节能减排）专项资金，主要支持由交通运输企事业单位组织实施并已完成的，符合国家和部省生态文明、节能减排、污染防治等政策要求的，具有明显的节能减排效果，或社会效益明显、公益性较强以及国家发展战略重点支持的节能减排项目。支持项目分为常规性项目、主题性项目、区域性项目，以及能力建设项目四种类型。江苏省交通运输厅、江苏省财政厅联合制定下发《交通发展（节能减排）项目管理办法》，用以规范节能减排项目的管理。补助资金采取以奖代补方式进行分配，奖补资金与节能减排量或节能减排投资额挂钩。交通运输节能减排项目实行项目库管理，江苏省交通运输厅每年组织项目申报、审核、入库，并实行滚动管理。

"十三五"以来，江苏省交通发展（节能减排）专项资金累计支持节能减排项目460个，奖补资金3.20亿元，带动社会节能减排投资36.92亿元，支持项目总共产生节能量14.72万吨标准煤，替代燃料量达到5.30万吨标准油。平均来看，单个项目产生的节能量均值为320吨标准煤，替代燃料量均值为115吨标准油，带动社会有效投资803万元，节能减排效果和社会效益较为显著。

江苏省交通发展（节能减排）专项资金支持项目数量以及支持资金（2016—2022 年）

附录

附录一

江苏省交通运输节能减排技术目录（2022年度）

序号	所属领域	技术名称	推荐单位	申报单位	技术内容	适用范围
1	客货运输	近零碳客运枢纽解决方案	华设设计集团股份有限公司	华设设计集团股份有限公司	通过应用光伏发电系统及设备，采用"自发自用，余电上网"的并网模式，实现客运枢纽近零碳运行	适用于低碳化运行的客运板枢纽场站
2		2FD-自动启停发电机	江苏快鹿汽车运输股份有限公司	江苏快鹿汽车运输股份有限公司	驻车空调以蓄电池为动力，大幅减少了油耗，同步优化设计了风冷柴油机组箱体和发电机结构，可以降低隔舱热的温度和发电机后期保养难度	适用于施工现场、工程车辆、配电房临时用电等场景
3		内河砂石运输智慧运力资源匹配技术	江苏省港口集团有限公司	江苏长江砂石有限公司	运用互联网技术及大数据分析，建立智能物流运输体系，减少船舶空载率和燃油消耗，节约用户运营成本，提升船舶方向经济效益	适用于内河船舶砂石运输
4		全频率吸声屏障光伏化改造技术	华设设计集团股份有限公司	华设设计集团股份有限公司	将传统公路沿线声屏障替换为全频吸声光伏屏障，提升降噪性能的同时，也实现声屏障进行光伏发电	高速公路、国省干道噪声污染防治
5		公路智能养护巡查技术及应用	华设设计集团股份有限公司	华设设计集团股份有限公司	基于机器视觉技术，利用已有路侧视频资源以及多源视频融合，全过程运行状态监测以及异常主动预警，通流全视频，检测效率50%以上，有效降低一线养护人员劳动强度	适用于城市道路、高速公路、国省干线、农村公路的智慧路网巡查、路网运行监测
6	公路	非开挖式新材料道路注浆加固技术	江苏高速公路工程养护有限公司、江苏中路工程技术研究院有限公司、常州市交通运输局	江苏中路工程技术研究院有限公司、江苏鼎达建筑新技术有限公司	改性注浆新材料具有较好的黏结性、强度快透性好、成型快的特点，实现深层次快速修补，注浆后能与原结构面基层板体结合的目的。在不公路道路进行弯沉、平面和分布及严重程度的公路路基和基层中，经浆液注入到病害的扩散挤密作用，充填土体中的空隙	适用于道路面层以下病害非开挖治理
7		节段梁自动化流水线预制与安装节能技术	江苏省交通工程建设局、中交二航局第四工程有限公司	江苏省交通工程建设局	以循环转台生产线替代传统施工模式，以自动化设备替代传统工艺设备，实现高效、集约生产，提高制梁及安装效率，降低了能源消耗、碳排放量	适用于短线法节段梁及其他混凝土预制构件的工厂化、标准化制造与安装
8		预制管片混凝土免蒸汽低能耗制备技术	江苏省交通工程建设局	江苏省建筑科学研究院有限公司	纳米催化技术驱动混凝土早期强度快速发展，实现管片混凝土的免蒸养早强制备、长寿命混凝土制造，同时保障长期耐久性能	适用于混凝土管片预制
9		环保型高韧树脂系列原创铺装材料及工程技术	江苏中路工程技术研究院有限公司	江苏中路工程技术研究院有限公司	无芳IPNs增韧技术，在世界上率先研制出冷拌高韧树脂，并以此为平台构建了系列原创性铺装技术，长大混凝土桥面、海绵城市、特色小镇等界性铺装难题	适用于钢结构桥梁、长大隧道、高等级路面、海绵城市、特色小镇基础建设

续上表

序号	所属领域	技术名称	推荐单位	申报单位	技术内容	适用范围
10	公路	公路高效能再生材料产业化应用关键技术	江苏中路工程技术研究院有限公司	江苏中路工程技术研究院有限公司	基于橡胶增塑剂和可控微区结晶技术，开发出一种可修复老化沥青路用性能的高效能再生材料，同时以高效能再生沥青为材料基础，研发了基干性能平衡的高效能再生沥青混合料设计方法，同时兼干连续型级配、型级配，实现疲劳和高温抗车辙等性能的平衡，解决了70%以上大掺量再生混合料性能不稳定等关键问题	适用于高速公路、干线公路、改扩建工程的建设、养护和维修
11		低碳高耐久的渗固磨耗层养护技术	常州市交通运输局	常州市公路事业发展中心、江苏瑞文戴尔交通科技有限公司	通过预撒布的渗固剂恢复原路面老化沥青性能，大幅提升基面层的抗疲劳特性、抗裂能力，增强原路面与磨耗层之间的黏结作用，同时通过高温乳化沥青拌和料提供1cm厚度的高耐久性磨耗层	适用于各等级公路沥青路面的预防性养护
12		可换电纯电动重卡以及配套的换电技术	苏州市交通运输局	苏州城亿通生态资源发展有限公司、阳光铭岛能源科技有限公司	换电重卡通过换电站更换动力电池，提高重卡运营效率，并在运营过程中实现二氧化碳零排放	适用于港口、矿山、钢厂、电厂短驳运输
13		低温树脂超薄罩面技术	苏交科集团股份有限公司	苏交科集团股份有限公司	通过从废旧塑料、废旧橡胶等高分子材料中提取的甲基苯乙烯类高分子聚合物与环氧树脂、环氧树脂固化剂及其他助剂，聚合物溶液、改性沥青呈液态，从而达到中温拌和、低温施工的目的	适用于高速公路、干线公路、城市高架道路及其他各级公路的养护工程，以及有高程限制要求的水泥路面、桥面及隧道路面
14	港口航道	船舶污染物智能一体化接收柜	江苏文科能源科技发展有限公司	江苏文科能源科技发展有限公司	通过船舶智能污染物接收一体化接收柜、船舶污染物智能固定接收装置、船舶智能供水桩、智能供电桩、智能监控系统设备，有效减少船舶碳零排放水上服务区处理监控系统全覆盖，从而减少船舶碳零排放随意排放	适用于内河三级航道以上干线航道上的水上服务区、船闸及交汇区、码头、港口企业
15		ERTG锂电池转场系统	江苏省港口集团有限公司	南京港龙潭集装箱有限公司	通过锂电池代替柴油机实现ERTG无缝转场，配备电池旋转机构水平臂螺旋输送机，具有能源利用效率高、节能环保的优点，ERTG可以实现污染物零排放、大幅提升物料卸船型的适应性强	适用于港口内有滑触线供电的RTG
16		绿色环保移动式螺旋卸船机	江苏省港口集团有限公司	南京港机重工制造有限公司	研发一种垂直螺旋输送机和水平臂螺旋输送机，对货物和粉尘污染较小，环境污染小，额定生产率可达2000吨每时以上	适用于煤炭散货的港口运输
17		散货环保料斗协同智能控制技术	江苏省港口集团有限公司	江苏扬子江国际务有限公司	建设一套流程电动料斗智能协同控制系统，根据流程皮带机设作业流量、给定每个料斗的作业精度、设置多料斗协同智能控制、实现多料斗协同智能控制	适用于煤炭等散货的港口运输
18		门机远程监管平台	江苏省港口集团有限公司	镇江东港港务有限公司	针对设备故障应急安全，设置相应的感知系统，建立起重机故障信息系统，解决起重机重量检测，应用无线通信和料斗内物料遇到卸船时单位和料斗内物料遇到卸船时间无线通信和料斗内物料重量大幅提升，从而节省能耗	适用于港口有大量装卸头的企业
19		大功率高低压兼容智能岸电变频系统	江苏省港口集团有限公司	江苏省港口集装箱有限公司	采用变频控制技术，AC-DC-AC主电路拓扑结构，将输入的电网电压化成稳定的直流电压，对直流电压进行可控逆变，输出频率为50Hz/60Hz不同电压等级目按需设定的供电电源，变频系统效率达到98%以上	适用于沿海、沿江大型码头、内河港口

续上表

序号	所属领域	技术名称	推荐单位	申报单位	技术内容	适用范围
20	港口航道	基于自动化集装箱码头场景的动态智能照明控制系统	江苏省港口集团有限公司	江苏省港口集团有限公司	基于自动化集装箱码头场景的动态智能照明控制系统通过与港口TOS系统和港口设备电控系统联动，设备照明实现作业区域照明工作调节	适用于港口自动化或远控设备码头、码头、道路照明控制
21		平行布置集装箱码头自动化堆场应用技术	江苏省港口集团有限公司	江苏省港口集团有限公司	利用自动化物流通式集装箱龙门起重机成套相关技术设备，过街道安全管控技术、过街道一体化信号系统，在不改变装箱码头作业基础上，节约了码头工作成本，提升码头作业效率，节省了综合竞争力和综合服务水平	适用于新建自动化集装箱码头和老旧集装箱码头改造
22		散货堆场气膜大棚屋面分布式光伏发电技术	常州市交通运输局	常州市录安洲长江码头有限公司	气膜大棚屋面于全封闭结构，较防风抑尘网有更好的抑尘效果，也比钢结构大棚造价更低，且建筑强度满足光伏电站需求，搭配光伏电站项目建设，具有显著的环境效益和经济效益	适用综合应用
23		翻车机直取与"集改散"装船自动化工艺	徐州市交通运输局	徐州交通控股港务有限公司	翻车机直取与"集改散"装船自动化工艺的应用，可优化装卸工艺，增加港口直取装船服务功能，减少损失提高企业效益	适用于粉尘治理和能源综合应用
24		船用"可移动换装标准集装箱式LNG供气模式"	徐州市交通运输局	宏远航运有限公司	利用超真空低温LNG储罐、汽化、安保、供气装置集成在20英尺40英尺集装箱作业场景内，给各船舶作业方式在LNG动力船舶燃料进行换装补给	适用于各类内河河道场区域
25		粉尘在线监测与智能控制技术	苏州市交通运输局	张家港港务集团	研发适用于散货码头的"1+N+N"粉尘在线监测与智能控制系统，开发粉尘浓度分布情况，实时反映堆场区域堆放的内堆放位置，结合气象参数分析，判断自学习矩阵模型，构建精准喷淋设施进行精准抑尘	适用于散货码头及堆场区域
26		港口综合能源管理平台——船舶能源管控云平台	连云港市交通运输局	江苏港口嘉能节能科技有限公司	船舶终端能源管理系统整合设备：应用物联网技术，将船舶终端船舶燃油消耗细化燃油管控、优化推进系统操作视程、采集监测调整船舶燃油消耗端的燃油回路、精细化燃油管理	适用于港口、船舶能源管理
27	城市交通	Maas一体化出行服务平台	徐州市交通运输局	徐州市交通控股智能科技有限公司	依托容器化城市出行底座能力，大数据技术应用、微服务架构设计，统一支付能力构建，打通城市智慧出行服务数据孤岛，提供一站式城市出行服务	适用于城市交通智慧化出行
28		城市智慧停车管理服务平台技术	华设设计集团股份有限公司	华设设计集团股份有限公司	通过深度融合云计算、大数据、人工智能、互联网、GIS等先进技术应用，向公众、企业、政府提供便利的停车服务、高效的运营管理、科学的监督决策	适用于城市智慧停车管理的多种应用场景
29	智慧交通	快速道路智慧化匝道管控系统	华设设计集团股份有限公司	华设设计集团股份有限公司	系统动态感知并深度挖掘雷达、视频、互联网地图等获得的交通流量数据，实现快速城市道路与周边路网交通运行匹配，自适应控制匝道通行或关闭，快速发现精准甄氧异常事件，面对突发事件及时应急反应三大功能	适用于城市快速道路拥堵改善

附录二

江苏推荐入选《交通运输行业节能低碳技术推广目录（2021年度）》的技术

序号	技术名称	申报单位	技术内容	适用范围	推广建议
1	基于物联网+的多要素散杂货码头生产智能管理系统	张家港港务集团有限公司	将生产作业中所需的资源、包括船舶、货物、作业机械、人员，视频监控、计量、理货等要素通过GIS、差分定位、无线通信、视频监控、RFID、智能传感器等物联网+技术集成一体的GIS平台端，移动终端进行智能化管理。提高生产效率，降低能耗	适用于各类型杂货码头	应用时信息的传输必须依靠无线传输，需要规划建设一套覆盖生产现场的无线网络，对各码头单位信息化水平提出了较高的要求
2	风光互补供电系统技术应用	江苏江阴港港口集团股份有限公司	通过风力带动三片扇叶与永磁发电机作用产生直流电，存入蓄电池储存，使用时通过变频逆变器将蓄电池内直流电转化为交流电输出作为办公、生活或照明用电。将太阳能转化为电能存储入蓄电池，蓄电池内直流电经逆变器转化为交流电供使用	适用于公路、港口、航道、沿江、海岸风力、太阳能资源较好的地区	应用时需考虑风资源、太阳能资源、土地、电网接入等问题。须确认建设地点、基础牢固性。项目建设前统筹考虑安全性问题，建设阶段把控好现场安全质量问题
3	抗水性自修复新型筑路材料科技	江苏路业新材料有限公司	利用柔性聚合物固化技术，将废弃物（重点为废弃土壤）应用于公路基层中，替代传统二灰碎石或水泥基层，增加材料柔韧性与抗压强度，并通过聚合物微管技术实现自修复功能，将高效土壤聚合剂通过原位制备方式引入，密封于聚合物微管内，在服役过程中逐渐降解缓慢释放出修复液，对产生的裂纹自我修复，防止裂纹扩展引起强度下降。实现固体废弃物资源化再利用，降低工程造价	适用于道路路面基层建设	应用该技术时应注意针对不同土质、环境条件、不同的固化技术，并使用专业的拌和机械开展作业，保障工作效率及材料质量
4	大比例掺量废旧沥青混合料再生技术	扬州市公路管理处/苏交科集团股份有限公司	将废旧沥青路面材料（RAP）在沥青拌和厂（站）破碎、筛分，通过添加高性能再生剂、抗剥落剂等材料进行再生，生成的混合料满足施工要求	适用于公路新建及改扩建工程、国家以下等级干线公路的新建、改扩建和大中修工程，应用层位主要为沥青混合料中下面层	应用前要综合考虑交通荷载、气候条件等因素的影响，应用后应重点关注其后期可能存在的车辙荷载位置的疲劳裂缝
5	沥青路面高效就地热再生技术	江苏交通控股有限公司/苏交科集团股份有限公司	采用专用就地热再生设备，对沥青路面进行加热、铣刨、就地掺入一定数量的新沥青、新沥青混合料、再生剂等，经热态拌和、摊铺、碾压等工序，一次性实现对范围内的旧沥青混凝土路面再生技术	各等级公路及城市道路沥青路面表层，出现的车辙、松散、磨光等功能性病害	再生时原路面应具备以下基本条件：①原路面结构强度指数PSSI应不低于90；②原路面沥青25℃针入度（0.1mm）宜不低于20；③混合料性能和施工艺不能满足要求时，应对上述材料层铣刨后再进行就地热再生

续上表

序号	技术名称	申报单位	技术内容	适用范围	推广建议
6	废旧轮胎胶粉改性沥青	苏交科集团股份有限公司	通过胶粉在橡胶沥青生产时与基质沥青产生互换和传质过程。一方面胶粉吸收沥青中的轻质组分发生溶胀；另一方面部分橡胶粉发生降解、溶于沥青改善了沥青的组分构成，对沥青的微观流动形成阻尼作用，有效提高橡胶沥青黏度	可用于高速公路、干线公路、水泥路等各等级公路改造工程	该技术为绿色循环利用类技术，难以量化估计其节能效果，但对节约资源、保护环境具有重要作用。应用时要加强胶粉改性沥青质量控制，若使用不合格沥青、掺杂电缆线等杂胶的胶粉进行胶粉改性沥青生产，不进行指标调控，将严重影响胶粉改性沥青路面质量。生产线需要配备相应的环保设备，防止生产过程中的污染

88